誰も書けなかった「銀行消滅」の地図帳

津田倫男

宝島社新書

まえがき

今のままの銀行、信金なら要らない

銀行や信金が生命保険や投資信託を売る代理店化している現状を憂い、何度も著作で改善を呼び掛けたが改善の兆候がない。その大きな理由が生命保険会社や証券会社などから入ってくる販売手数料であることは判っている。

本書では10％とも噂される生命保険販売手数料、5％もあるとされる投資信託販売手数料に目が眩んで（と言うと言いすぎなら、頼り切って）本業である融資や預金集め、為替（振込など）のサービス改善が疎かになっている状況に、私も「こんな銀行、信金なら要らない」と思うようになった。

本書の第2章で各銀行の預金額と自己資本比率を使ったデータ分析を行っているが、基本は私が日頃の業務（企業アドバイザリー、経営コンサルティング＋人材育成など）やクライアントの苦情などから直接、間接に感じる銀行や信金の現状を質的に論じるものだ。

メガバンクについてはそれほど言及しない。理由は彼らは自らのビジネスモデルをほぼ構築し終えており、それは外部からの批判では揺るがないと思うからだ。

正直「メガバンクはもう勝手にやってくれ」という気持ちだ。

ブラックスワン（黒鳥のことではない、白鳥の突然変異の意味）がまた生まれる、つまり、確率的には殆どあり得ない経済・金融危機が到来しない限り、彼らが倒産することはないだろう。リーマンショック的な「小」危機が起これば経営に打撃を受けるかもしれないが、まず大丈夫だろう。しかし、地銀や信金、信組は違う。本書でも地銀に第一地銀（多くは戦前から地方にある銀行）、第二地銀（無尽会社から発展した相互銀行が一斉に普通銀行に転換され、できた）、信用金庫（銀行とは違う法律で規制されている金融機関）、信用組合（同じく、準拠法が違う協同組合組織の金融機関）を含めて使う場合と、第一地銀のみを指す場合が混在するが、前者の場合は地域金融機関（昔は「地方」金融機関と言われ、私は最近しばしば地金と略す）のこと、後者の場合は地方銀行協会に加盟している64行のことを意味すると理解頂きたい。狭義の地銀は地方の金融業界のリーダー的存在であるが、規模（本書では預金量などで表現）で見ると必ずしも上位に位置していないことがお判り頂けるだろう。

これらの地銀は極論を言えば風前の灯だ。今日、明日に潰れることはないが、大衆から零細預金を集めて、それを大企業から零細法人や個人に貸すという「商業銀行」モデルが大きく崩れようとしているのだ。

メガバンクなど大手は、それでも生き残る術を準備中だ。例えば、国際業務や証券業務（気取って、投資銀行業務などとも彼らは言う）やＡＩ（人工知能）などを駆使した投資相談業務などがある。しかし、地銀はそのレベルに現状達していない。大都市では多くの人がメガバンクなどと付き合いがあるが、地方に行くと地銀しかないことが多い。地銀に万一のことがあると地方経済も沈んでしまうのだ。

にもかかわらず、地銀はアラブのことわざにある「穴に首を突っ込んで嵐をやり過ごすラクダ」が如く無策だ。「地銀は生き残り策を明確に打ち出せないのなら、合併せよ」というのが私の変わらぬメッセージである。そして国民経済的、地域経済的に存在価値の薄れた銀行や信金、信組は金融界から退場せよとも思っている。退場の仕方には色々あるが、金融機関の内部にとっても取引先や地域など外部にとっても最もダメージが少ないのが合併（もしくは時間稼ぎの統合）である。弱いところはさっさと強者の軍門に下ればよいのだ。それをせぬのなら「山椒は小粒でもぴりりと辛い」ことを証明しなければならない。

本書のタイトルに「誰も書けなかった」と入れたのは、私を含めた人々が今まで武士の情けとばかりに書かなかった銀行の弱さと大局観のなさを指摘したかったことと、私自身も地銀などに同情的な立場を完全に捨てて、「目を覚ませ」と言いたいからなのだ。

既に10冊以上、銀行について、最近では特に地銀について書いてきているがまだまだ足りない。本当に地銀が強力な20や30（銀行だけでなく、信金、信組を含めて）に集約されるまでは日本の金融界の脆弱《ぜいじゃく》性は克服されないと思っている。恐らくそれでも充分ではないだろうが、残った銀行（あるいは別形態）は、もう少し総身に知恵が回っていることだろう。

かなり辛辣な業界批判となるが、読者の留飲を下げるだけでなく、来るべき金融の未来に思いをはせてもらえれば幸いだ。そして銀行の関係者には、本書にヒントのひとつでもあると気づいたならば早速、実行に移して欲しい。では読者とともに荒海に乗り出してみよう。

目　次

第2章 ランキングから見るメガバンク、地銀、信金……

第5章 消える銀行員

第1章　日本の「銀行消滅」ガイド

銀行再編による第4の道など、まだない

地銀再編がなかなか進まないと苛立《いらだ》っている最中に以下の記事が出た。新聞記者も動きがない地銀勢に対して何かニュースがないかと鵜の目鷹の目で探しているのかもしれない。その結果が、かなりの勇み足と思われる「第4の道」議論だ。まず記事からご覧頂こう。

静岡銀行、みずほと提携発表　「系列越え」地銀再編に一石

日本経済新聞の2018年3月21日の記事を要約するとこうだ。

みずほフィナンシャルグループは（2018年3月）20日、静岡銀行との提携を正式に発表した。三菱UFJフィナンシャルグループと親密な静岡銀行と、住宅ローンや資産継承などで手を組む。みずほは全国各地で同じような提携を進める構えだ。地方銀行にとってはメガバンクとの系列を超えた新たな提携モデルになる可能性がある。

（前略）例えば、住宅ローンでは、みずほ銀行が店頭で新規客から同意を得たうえで静岡銀行に紹介する。そんな「すみわけ」の絵を描く。（中略）メガバンクの信託や金融商品開発機能をうまく使えば、顧客へのサービスをより充実できる。（中略）「差別化で

きない分野では連携すべきだ」（メガバンク幹部）との声が増えている。（傍線は著者）

もともと静岡銀行は記事にある通り、旧・三菱銀行、現在の三菱ＵＦＪ銀行（持株会社としては三菱ＵＦＪフィナンシャルグループ＝ＭＵＦＧ）と近い。その静岡銀が三菱を差し置いて、ライバルのメガバンクであるみずほフィナンシャルグループ（以下、みずほ銀行）と組むというので日経新聞は色めき立ったのだが、実態は彼らの推測とは違う。

まず静岡銀行とみずほ銀行が統合を含めた戦略的提携をする可能性はゼロだ。静岡銀行は三菱ＵＦＪ銀行との持ち合い強化などにも走らない。静岡銀行は単に多様な商品が欲しいだけなのだ。それをみずほ銀行が知って、商品の卸売りをしましょうと申し出たのが今回の提携の実態だ。

実はみずほ銀行にはリテール（個人取引）を切って、ホールセール（法人向け業務）に特化する、あるいは一般個人取引はやめて、法人及び富裕層の個人との取引に特化したいという熱望があると見ている。現みずほ銀行はご存知のように第一勧業銀行（以下、第一勧銀）、富士銀行、日本興業銀行（以下、興銀）が、合併や吸収、再編してできた。つまり正確には経営陣のうち、旧興銀出身者がそう前述のように考えているということだ。旧富士銀行や旧第一勧銀の出身者にはそうした考えはほぼないと確信する。

では旧興銀組の狙いは何か。端的に言えば、「興銀の復活」である。みずほ銀行の佐藤康博会長が後任COO（最高執行責任者）として坂井辰史社長を選んだ際に「証券経験者がグループトップ（社長）に座ることに意義がある」という趣旨の発言をしたが、それは単に「傍流と考えられてきた証券業務が今後の銀行の柱になる」というだけではない。「数の上で劣勢で、思いを100％実現できなかった旧興銀マンの本格復活を図る」という願望が透けて見えたのは私だけだろうか。

証券業務と富裕層向けビジネスに舵を切るみずほの近未来図

私の考えるみずほ銀行の近未来図の一シナリオはこうだ。

まず店舗の大量削減に続いて、リテール部門の大幅縮小ないしは売却。そして残ったホールセール部門を「投資銀行化」と称して証券業務中心に急速に舵を切り、併せて投資相談などの富裕層向けビジネス（いわゆるプライベートバンキング）を強化する。その行きつく先は組織のスリム化と同時に、相談業務に特化している三井住友トラスト・ホールディングスなどとの合併だ。

スリム化の先は、地方にある支店と大都市圏のリテール営業網を地銀へ譲渡、ないしは彼等との合弁かもしれない。例えば、東北なら旧第一勧銀が親しかった東邦銀行を核として、旧富士銀行から今も転籍者の多いフィデアホールディングスも合わせ、みずほ東北ホールディングス(あるいは東邦フィデアみずほ)を作り、首都圏では旧富士銀行が親密であった千葉興業銀行(以下、千葉興銀)を主体にみずほ関東を、中部東海では同じく富士銀行が親しかった大垣共立銀行とみずほ東海ホールディングス(あるいは大垣共立みずほ銀行)を設立することなど。九州では旧第一勧銀系列の筑邦銀行と旧富士銀行系の南日本銀行と3行で九州みずほホールディングスに改組することかもしれない。ここに富士銀行と親しかった肥後銀行を擁する九州フィナンシャルグループも参加する可能性もある。ほかの地域でも旧富士銀行、旧第一勧銀が親しかった地銀や第二地銀にリテール業務を移管し、本体のみずほフィナンシャルグループは投資銀行とプライベートバンキング(以下、PB)のみの銀行とする云々。

この結果、リテール人員の大量移籍が起こり、みずほ本体には旧興銀マンと新卒だけになる。最後の「投資銀行＋ＰＢ」部分は、それほど意図的に行わないかもしれないが、みずほ銀行＝投資銀行という方針に反発を抱く旧富士銀行、旧第一勧銀の行員（数は少なくなっているが）は喜んで各地のみずほ、あるいは地銀との合弁先に散らばってゆくだろう。

しかしもし旧富士銀行、旧第一勧銀の復活を図る勢力があれば、みずほフィナンシャルグループは母体行である元の3行体制に分裂する可能性もある。ただ私はこれを日経の如く「地銀再編の第4（第5）の道」と呼ぶつもりはない。理由はみずほには分裂に向かうべく独自の理由があり、地銀再編と時を同じくしてもそれは副次的理由でしかないからだ。地銀再編は地銀の事業に合わせ、彼らの主体的取り組みによってなされるべきものでメガバンクの都合でなされるものではない。

強い銀行が残った後、利用者の力は弱くなる

銀行再編は一般読者にはあまり影響がないと思われているかもしれないが、実は大ありだ。あとがきにも書くが、付き合う銀行や信用金庫（以下、信金）、信用組合（以下、信組）、

加えて政府系金融機関などを賢く選ばないと、再編が終了した段階で「しまった」と後悔することになりかねない。一番身近な例としては住宅ローンだ。今は数多くの銀行が少しでも期間が長く、より金利が安い住宅ローンを競って提供しているが、仮に現在約110行もある銀行と260庫ほどの信金、更には約150組合の信組（合計で520超）が10から20ほどに集約されてしまうと、読者の選択肢はひとつかふたつに限られてきてしまう可能性が高い。

そこで銀行の都合で高い金利、短い融資期間に替えられてもほかに頼る先がなくなってしまう。競争は常にあるべきだが、小さい金融機関は競争の場に留まることができないし、今後多くの退場者がでるはずだ。その退場の仕方は甲子信用組合（東京都）のような自主解散ではなく、吸収合併になると思われるが、強い銀行や信金だけが残った後の国内金融図では、利用者の力が金融機関に比べて圧倒的に弱くなっている可能性が高い。

もっとも後述するＡＩ（人工知能）の導入や銀行業以外の他業態からの金融業務参入で、銀行以外の新たな「貸し手」が続々と現れるという想定もでき、私はむしろそれを望んでいる。

図表1-1　貸出動向（西暦年・月で表示）

	17・7～9	18・10～12	18・1	18・2	18・2月平残（兆円）
都銀等	＋2.8％	＋1.7％	＋1.1％	＋0.6％	211.3
地銀＊	＋3.6％	＋3.5％	＋3.4％	＋3.4％	242.3
信金	＋2.7％	＋2.6％	＋2.5％	＋2.5％	68.1

＊第二地銀を含む　（日銀調べ。うち信金データは信金中金調べ）

カネを貸さないのに銀行や信金をなぜ名乗る？

今、銀行も信金も本業を疎かにしている。その一例が貸出の減少だと私は主張しているが、貸出量のデータだけをみるとそうでもない印象がある。まず、勘違いしやすいデータは図表1―1だ。数年前はいざ知らず、ここ最近では順調に貸出が伸びているように見える。

しかし、よく見るとやはり、本来伸ばすべき分野での貸し出しが不振なことがうかがえる。

それは次の図表1―2で明らかになる。

「債権流動化」とは、銀行などのローンを証券化して第三者に売る、または銀行自身が他社に売却することを指す。つまり、債権流動化額などの調整後の貸出残高とは、正味の貸出額を意味する訳だ。

過去1年を見ると、都市銀行（以下、都銀）と地方銀行（以

図表1-2　貸出残高推移
（債権流動化額などの調整後。単位：兆円、西暦年・月で表示）

	都市銀行等	地銀	第二地銀
16・2	232.6	188.8	48.3
17・2	235.0	188.8	50.2
18・2	234.1	186.2	51.9
過去1年間の増減	△0.9	△2・6	＋1.7

（全銀協調べ）

下、地銀）は貸出残高をそれぞれ0・9兆円、2・6兆円減らしていることが判る。第二地方銀行（以下、第二地銀）は1・7兆円増やしているが、この理由が問題となってくる。都銀や地銀と違い、望んでいるにもかかわらず債券流動化がうまくできていないだけなのかもしれない。ちなみに、地方銀行とは一般に地銀としてしられる銀行群のことで、本書で言う地銀（多くは戦前からの地方に本店がある銀行）と第二地銀（1989年に相互銀行から一斉に普通銀行に転換した、地方に本店がある銀行）を総称するものだ。

図表1－3と1－4は金融庁がまとめたものだが、直近の2017年3月期決算を見ると面白いことが判る。

図1-3　貸出増加額（前年度比）の貸出先別内訳の推移

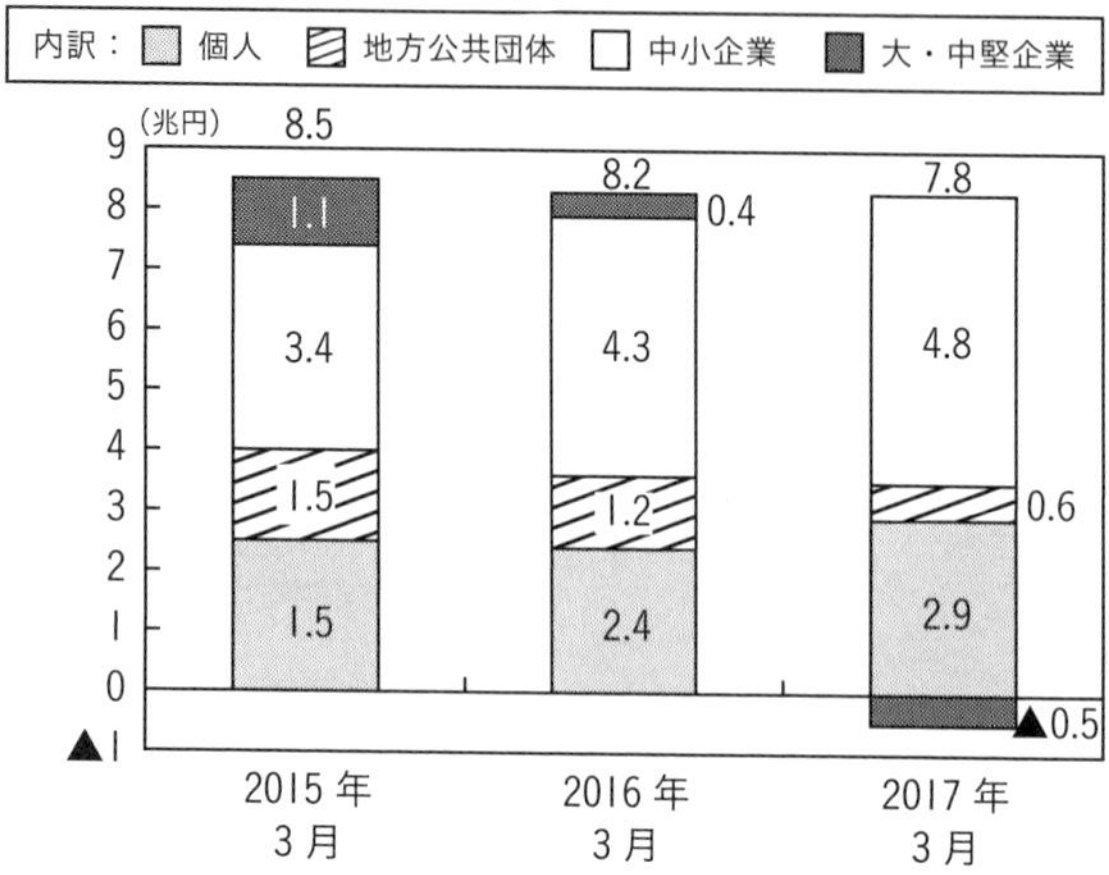

図1-4　法人向け貸出増加額（前年度比）の業種別内訳の推移

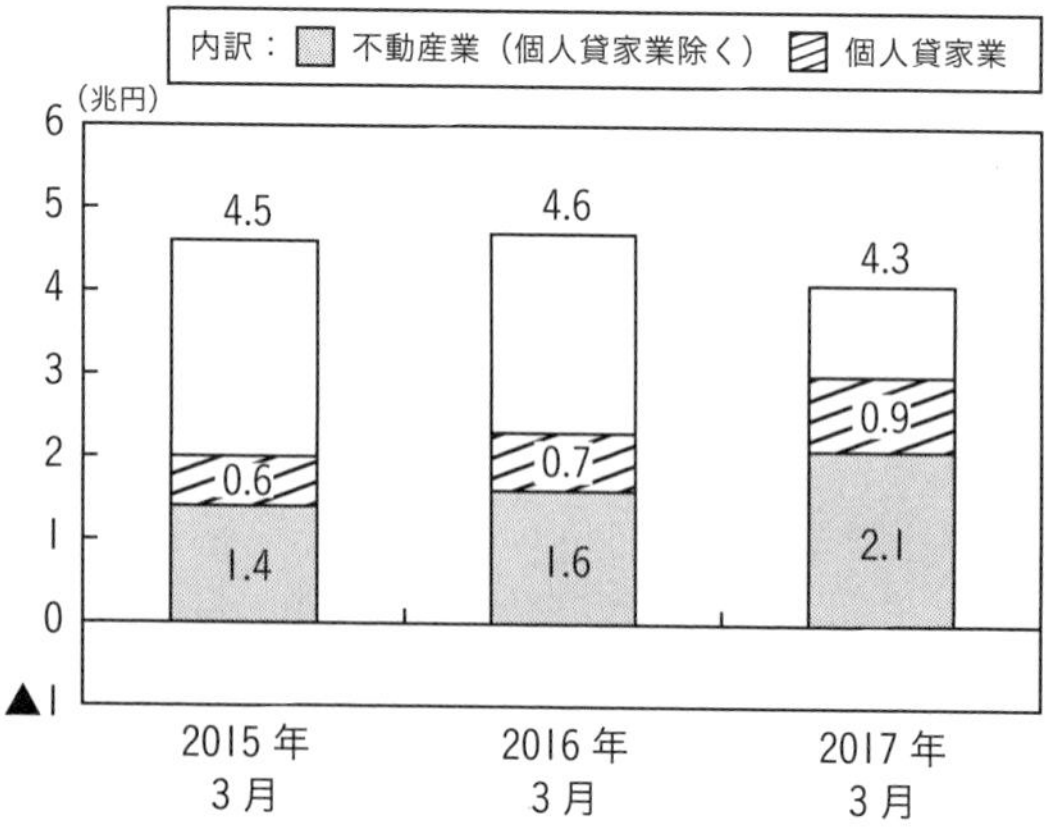

（ともに金融庁資料より）

金融はバブルの二の舞へと歩み出している

17年3月期には貸出額が7・8兆円増加しているが、その内訳は個人向けが▲+2・9兆円、地方公共団体向けが+0・6兆円、中小企業向けが+4・8兆円、大・中堅企業向けが▲0・5兆円となっている。個人向けの相当の部分は住宅ローンとカードローンだと思われるが、詳細は不明だ。

そして、順調に増えていると見える法人向け貸出+4・3兆円(中小企業向け4・8兆円▲大・中堅企業向け0・5兆円)だが、法人不動産業向け+2・1兆円、個人賃貸業向けが+0・9兆円、合わせて3兆円の増加分が不動産関連貸出であることが判る。世に言うアパマンローンである。バブルの時に懲りたはずの不動産関連融資に銀行がまた手を出していることが判る。

銀行の立場からすれば、借入ニーズがあり、しかも担保付なので安心ということになるが、これでは後述の「人を見て貸す」という融資業務本来の姿から乖離している。日本の銀行はいつまで経っても不動産しかやらないと揶揄される所以だ。

銀行の貸出残の増加は個人向け住宅ローンと消費者ローン、加えて不動産関連融資によるものであることが数字の上から証明された。

これでは銀行、信金ではなくバブル崩壊後に破綻した住宅ローン専門会社と変わらない。銀行本来の目的は殖産興業と個人富裕化のために、伸びる企業と個人に融資することにあるはずだ。土地持ちが更に裕福になる金融というのは国民のためにはならない。日本経済につきまとう批判、土地資本主義が更に強化されるだけだ。

高利回りと謳う仕組み債の秘密

「仕組み債」と呼ばれる商品について耳にしたことがあるだろうか。この名前では印象が悪いので、違う名前を使っているところもあるだろう。簡潔に言えば非常に高いリスクを伴う金融派生商品（＝ディリバティブズ）の絡むものが多い。余談であるが、私がディリバティブ「ズ」という用語を使うと編集の過程で必ず校正から「これでいいですか。Wikiなどではディリバティブとなっていますが」と尋ねられる。これはこれで正しい。単数形でディリバティブと呼びたい人はそれでよいが、私は世界標準である複数形のディリバティブズを使う。

ディリバティブズには、オプションやスワップやら、外国為替など多様なバリエーションがある。一番よく使われるのは為替だが、その場合、例えばこんな感じで商品が説明される。

銀行の窓口：「オーストラリア・ドル（豪ドル）建ての債券ですが、クーポンが何と3％もあります。15年後の償還時には円貨で返ってきます。マイナス金利の昨今、とてもお得ではありませんか？」

お客：「そうですね。今時、年利が3％だなんて夢のようです」

窓口：「一言、申し添えますが、購入される際の豪ドルと円の交換レートは償還時に変わっている可能性があります。それだけお含みおき下さい」

客：「そうですか。為替レートは変動しますからね。了解です」

これが不幸の始まりとなる。年利3％に釣られてこのような商品を買うと、最良のケースでも15年後の償還時には元本部分が55％ほどに減っていて、15年間の利息の累計45％

（3％×15年）と合わせてチャラとなるだけ。最悪は想像もしたくないが、元本が1割ほどになっていて、45％の金利を得ても元本損の90％に相殺されて差し引き45％の損が計上される。まさかと思われるかもしれないが、そもそも償還時の為替レートには巧妙な仕掛けがあって、概ね損が出る。

さもなくば年率3％といった高利は保証できないので、売り手（銀行や信金の窓口スタッフ）には為替リスクがあることをサラッと説明するだけにせよとマニュアルに書いてあるようだ。売り子自身も商品の仕組みがよく判っていないので、客から詳しいことを聞かれても答えられず、そういう時は先輩や本部から手伝いに来ている人間が、代わって説明するということになってしまう。それでも客が納得しないと商品を設計した部署と話してくれということになる。

私がこうした仕組み債などの危険性を指摘してから10年以上経つが、未だに類似商品が銀行や信金に出回っている。客を煙に巻きやすいということなのだろうが、「うまい話にはウラがある」ということを忘れないで欲しい。

振り込めサギと同じと言うと語弊があるかもしれないが、こうした不当な商品が尽きないのは、騙されるほうにも責任がある。2つ、3つ質問をすれば不思議なカラクリがあることが透けて見える、それさえもしないで説明を鵜呑みにしてしまう。これではまるで「どうか耳障りの良いことだけを教えて下さい」と言っているようなものだ。

こうした「似非」金融商品を売り続けていると本格的に顧客離れが起こる。銀行、信金にとって一番面倒がなく、1人当りの利益も大きいシニア顧客にまで不信感を持たれてはどうしようもないと思うが、なぜ彼らの行動様式は変わらないのだろう。

ひとつには数が多いということがある。人口統計を持ち出さなくても若年層よりもシニア層のほうが多いことは明白だ。次に現役世代よりもまとまったカネを持っている。未だに政府などは日本人の個人金融資産が1700兆円だとか1800兆円と言っているが、この多くは60歳以上によって保有されている。働き盛りの30代、40代は収入が多くても支出も相当にあり、預金額はたいしたことはない。50代くらいになると少し余裕ができて預金額も増えてくるが、定年を迎えた60代以降には及ばない。

3番目の理由は、カネがある割に知識がないということだ。先述の仕組み債などを最も喜ぶのはこうしたシニア層である。何しろ「考えなくてもよい」から。皮肉っぽく言えば、どうせ15年先のことは判らないのだから（男性の場合、購入時に70歳なら償還時の85歳にはこの世にいないかもしれない）。これもひとつの哲学なので一概に批判はできないが、こうしたお客さんが相手なら銀行も信金もとても楽だ。しかし、結果として損失が出るような商売を続けていればやがてそれは世間に広まり、必ずしっぺ返しを食らう。

最後の理由は「根拠のない銀行、信金への信頼」だ。金融機関には耳の痛い話かもしれないが、日本ではまだ銀行が尊敬されている。途上国も同様だが、先進国ではそんなことはなく銀行の窓口の仕事はホワイトカラーの中では最低賃金しかもらえない。ところが間接金融がずっと主体であった日本では銀行は常に「頼れる存在」だった。この信仰がまだ生きているので、銀行員や信金職員の言うことは、ほぼ無条件にシニア層には受け入れられる。特にシニア層にはこの傾向が強い。ただ、この状況は長く続かないはずだ。

銀行や信金、信組が今後も国民の信頼を得たいと思うなら、そろそろ自分たちの安易な顧客対応や経営姿勢を改めなければならない。これまでの１００年あまりの常識は、今後はもう当てはまらない。また戦後70年、バブル崩壊後30年の顧客取り扱いマニュアルもそろそろ無効になるだろう。

手数料商売の怖さを知らぬ地方銀行

話がくどくなるかもしれないが、本当に顧客を怒らせた場合の面倒を敢えて書く。バブル期には実例が沢山あったが、商品説明を受けたと念書まで書いた顧客が仕組み債の前段階のような商品（例えば、為替予約なしの外貨定期など）を買って、損が出た時に銀行を訴えるようなケースもそうだ。

これは極端な例かもしれないが、「信頼する銀行」が勧めてくれたから、とか、「やむなく買わされた」というクレームも多かったと記憶している。1980年代から既に30年も経っているが、多くの顧客の意識は殆ど変わっていない。当時、クレームに悩まされた都市銀行（現在のメガバンク）は賢くなって、念書といった「書かされ感」の強いもの（従って、あっても道義的には使えない）ではなく、きちんと商品説明を受けた、といった書類にサインをさせる。これで戦えるという顧問弁護士の意見なのだろう。

ところがディリバティブズに関してクレーム慣れしていない地銀などの場合は、これからが勝負だ。メガバンクを真似て、客に「説明を受けました」書類にサインさせても法廷で争ったことがないので、本当に徹底してやるかどうか銀行側でも腹が据わっていない。

大都市と違って、地方の場合は世間が狭い。法廷闘争となると銀行に相当ダメージがある。市民が不当な不利益を被ったとなれば、地方紙も競って取り上げることだろう。もし勝てたとしても「信頼できない」銀行という悪評が残るとその後の商売に差し支える。

クレーム慣れしている証券会社

客のクレームに慣れているという点では何と言っても証券会社だ。彼らの場合、客に大損させた社員はクレームが来ると即、遠隔地へ転勤させる。これで「売った奴を出せ」と客から言われても「もう当支店には勤務しておりません」と言い訳できる。そこへ損をさせた社員の上司が「今度は間違いありませんから」と損失補塡的な商品を紹介してくる。

有価証券絡みでは利益を確約する（あるいはそう誤認させる）商品はご法度だが、「今度は大丈夫ですから、長いお付き合いですし」と言われるとついつい買ってしまう。そこで一端、損失を補塡しておいて安心させ、次には更にリスクの高い商品を勧めるという訳だ。ひどい例になるとこの口先保証も嘘で、更に損をさせられ、気がついた時は上司が退職、あるいは更に遠隔地に飛ばされているので手が出せない。ところが同じ会社に何度騙されても（多分、本人はそう思っていないのだろう）、繰り返しその会社に相談に行く顧客が結構いる。私は一種の中毒だと思うが、銀行や信金はここまで自分のレベルを下げることに同意するだろうか。

証券会社については利用する人間も銀行や信金の顧客より「すれて」いるので、大きな問題が発覚せずに済んでいるかもしれないが、銀行や信金の相手は本当に一般の庶民である。銀行側が「絶対に儲かると約束や保証をしていない」と言い張っても「いや、丁寧に行員から説明を受けた」と反論されると、裁判員裁判なら負ける可能性がある。なぜなら裁判員も庶民なので、その気持ちに共感するからだ。

こうした訴訟や大クレームに慣れていない地銀や信金は、手数料の稼げる商品を売る時は心してかかるべきである。投資信託や生命保険の販売手数料が、訴訟費用や損害賠償で吹っ飛ばないよう注意するべきであり、くどいほど説明するか、そうした商品を売らないようにするといった対策を怠ってはならない。

そうなると売るものがないという最初の議論に戻るが、どうしても手数料商品を売りたいのならまず行員や庫員たちの教育をすべきだ。ディリバティブズについては数時間ではなく、数十時間といった単位で研修させなければならない。それをしている証券会社やメガバンクでさえ問題が起こるので、トラブルを回避したいなら売らないのに越したことはない。

投資信託は怖いが生命保険は大丈夫と高を括るとより大きなリスクの落とし穴に嵌《はま》ってしまうかもしれない。生命保険会社から来る勧員は教えてくれないが、通常の生命保険は何と100歳を超えて生きているというトンデモない前提で保険料が決められているらしい。80代までに殆どの人が亡くなるのに、20年分も余分に保険料を納める仕組みになっている生命保険は、銀行員、庫員でも怖いと思うはずだ。これを売られるほうの身になって欲しい。仮に訴訟に売り手の銀行や信金も巻き込まれるという事態になると、投資信託における裁判ざたよりも怖い結果が待っているかもしれない。

楽をして手数料を稼げる商売などないのだ。銀行や信金、信組は長年、資産を使って融資というビジネスを行ってきた。隣の芝生は青いというが、証券会社や生命保険会社の芝が青く見えるからと、足を踏み入れるのは相当なリスクがあるということがお判り頂けただろうか。

貸すなら、何でもよいのか？

融資が銀行や信金、信組の業務の基本だと繰り返し述べてきたが、ならばカネを貸すのなら対象は何でもよいかというとそれも違う。金融商品に対して自戒を求めると、不動産関連融資をバブル時代にならってまた行っている様子があり、私はこれも強く危惧しているのだ。少し古く、前節と重複するが、以下の記事をご覧頂きたい。

〈アパート融資　異形の膨張　2016年3・7兆円　新税制で過加熱〉

2016年の金融機関〈銀行、信金信組ほか〉による不動産向け融資が12兆円超と過去最高を記録した。背景のひとつが相続対策のアパート建設だ。人口減少社会には似つかわしくない種類のミニバブル。まだ局所的とはいえ体力の弱い地域金融機関が主役だけに金融庁や金融界からも不安の声が上がる。米リーマンショックを引き起こしたサブプライムローン（信用力の低い個人に向けた高金利の住宅融資）問題の「日本版にもなりかねない」（大手銀行首脳）。

（中略）日銀によると2016年の全国の不動産融資は前年から15％増の12兆2800

6億円で統計のある1977年以降で最高。バブル期も上回った。アパートローンも同21％増の3兆7860億円と2009年の統計開始以来、最高に達した。貸家の新設着工件数も41万8543件と8年ぶりの高水準だ。

理由のひとつは、2015年の税制改正で相続税の課税対象が広がったことだ。アパートを建てると畑や更地などに比べて課税時の評価額が下がるため、地主らが相続税対策で一斉にアパート建築に走った。マイナス金利で貸出先を模索する金融機関も融資に動き、東京都の郊外などにとどまらず東北や山陰といった地方部にも異様なアパートラッシュが広がった。（後略）

（日本経済新聞2017年3月26日より抜粋、編集。傍線と〈〉内の記載は著者）

この記事によれば、金融庁も実態把握のために10幾つかの地域銀行を抽出し、アパート融資の実態を炙り出そうとしているようだ。空き部屋が多い場合、業者が長期の家賃保証の約束を破って、家主への払いを減らしているケースも多々あるらしい。その結果、銀行への支払いが収入を上回り、大きな損失を被ってアパートを売却した事例もあるという。

これではまるでバブル時の不動産を担保にしたビル融資と同じだ。当時を覚えている経営陣がいるにもかかわらず、こうしたことが繰り返されるのは、背に腹はかえられないと顧客の利益を無視して不動産関連融資を勧めている銀行があるということにほかならない。

安易に利益が上がる不動産融資

かつては信用貸(無担保あるいは企業主の個人保証のみ)を中心に行っていた中小企業向けの融資の変質、消滅がはなはだしい。何とか成長のために貸したいが信用が乏しいのでやむなくやっていたはずの不動産担保融資が、1980年代にはそれが主力商品であるかのように取り扱われた。その結果、事業性よりも投機性に眼がくらんで「貸し手責任」も何のその、ガンガン、値上がりが期待できる不動産を担保に貸し出していた銀行や信金などの金融機関が、借り手の企業や個人と同様に大被害を受けた。それが公的資金の導入のきっかけとなったのだが、こうした状況が再燃しているとすれば、バブル崩壊前の「ゴーゴーバンキング」(四の五の言わずに貸せ、貸せと盲進する銀行)に逆戻りである。

昨今はあまり聞かなくなった「貸し手責任」という言葉も実は日本より先に不動産担保

融資が破綻した米国で言われ始めたものだ。将来予測を誤って借りるほうも悪いが、それに便乗して「貸す」ほうも悪い、いやもっと悪質だという議論だ。日本と同様、1980年代には米国でも全土で経済成長を超えた地価の上昇があり、それが永続すると考えた借り手、貸し手、双方によって不動産担保融資が人気を集めた。その記憶は失われていても2008年から始まったリーマンショックはまだ多くの人が覚えているはずだ。

にもかかわらず、やることに事欠いて上がるはずのない（むしろ下がるのが当然の）地価や家賃をあてにした融資が地銀などによって行われているとすれば悪夢の再現だ。リーマンショックでは邦銀は米銀ほど損失を被らなかったと言われているが、リーマンショック以前に発生した不良債権処理のためそれでも公的資金を受け入れた銀行は多かった。それが業界全体で返済されていないのに新たな公的資金が必要になるようなリスキーな融資を繰り返すのは正直、「知恵が足りない」と言わざるを得ない。

貸せる企業を探すことよりも「慣れ親しんだ」不動産担保融資に頼る。これでは地方金融界の成長はない。それでもやりたい、やらざるを得ないと言うのであれば、銀行ではなく貸し金業者になればよい。銀行の立場を悪用して、貸すことで暴利を貪っている（そんなことはない、利ザヤは薄いと銀行は言うだろうが）のでは、いいとこ取りだ。

不動産取得やアパート建設のためのローンは、現在では金融庁の厳しい監視下にあるのでいかに利ザヤがあろうと地銀などは簡単に増やせなくなっていることを提言する。

赤字の法人向け融資をやめられない理由

そもそも銀行は、低利で広く資金を集めて、それを必要としているところに適正な金利で貸すことに存在意義がある。銀行にのみ許されている特権だ。銀行でない金融会社（例えば、貸し金業者など）は、預金金利よりもかなり高い利息を払わないと資金が集められない。当然のことながら、貸す場合にも金利は高くなる。この結果、高利貸しと言われるほどの金利を借り手から取ることになる。

銀行は長年低利で預金を集めることができる代わりに元本保証が必要だったが、法改正で現在では、1人当たり元金1000万円と利息分のみ保証することになっている（但し、金利の付かない当座預金はこれに追加して保証される）。この低利資金の運用としての融資に伴う金利もそれなりに低いレベルにあった。1980年代に入行した私の世代の常識では、短期金利3%、長期金利6%程度だ。

しかし、現在ではマイナス金利の時代に突入し、預金利息はほぼゼロ。住宅ローンなどは低金利だが、一方で、個人向けカードローンなどは金利が高止まりしている。大手行は概ね10%以上(高額所得者向けは低いが)と、そこだけ見ると利ザヤが10%もある状態だ。企業金融は厳しいと言っても1%未満でなければそれなりに利ザヤは稼げるはずだが、多くの地銀が法人向け融資は赤字だという。その理由の最たるものが過当競争、低金利融資だと説明する。ならば法人向けはやめてしまうという選択肢もあるはずだが、企業に勤める個人も囲い込みたい、個人の資産運用(投資信託や生命保険の販売で高い手数料が取れる)が捨てられないなどの理由で融資単体では赤字でも法人領域に留まる。

免許返上も重要な選択肢

例えば中京地区では昔から「名古屋金利」と言われほかの地域に比べて低金利が続いた。赤字でも多数の金融機関が低利融資を続けてきたのはゼロ金利の時代までだった。マイナス金利となった昨今、最早「大出血」は許されないはずだ。ならば誰もが、法人向け融資から撤退したスルガ銀行のように戦略性を発揮するかというとそうでもない。先例があっても法人を失いたくないという心理には「法人＞個人」という思い込みが日本の銀行員の多くにあるからなのだが、それについてはここでは論じない。

多くが投資信託や生命保険の「代理店」と化している現在の銀行を見ると、本当は何をやりたいのだろうと思ってしまう。仮にしばらくはこうした手数料収入で融資の赤字（法人に続いて個人向けでも利ザヤが縮小、マイナスになる可能性もある）を補えるとしても、国債の運用で食いつないできた運用部門の無策もあって、いずれ「間接金融」という銀行モデルの根幹を見直さなければならなくなるだろう。

その時に潔く「万策尽きたので買収して欲しい」とまだ生き残っている銀行に申し出て事業撤退するか、あるいは銀行免許を返上するのも純資産が黒字の間ならできる。最近は破綻処理以外で銀行がなくなる事例は見ないが、自発的に早めに銀行を止めることも有効な選択肢だと私は思う。それでも銀行すべてがなくなることはしばらくなさそうだ。預金金利が仮にマイナスとなっても貸し金庫の代わりに銀行に預ける人が世界のどこよりも多そうな日本では、外国の銀行がなくなってもしばらくは生き残るだろうと予想できる。

Column A

何様かと思う某地銀

世間では大手行と呼び、私が最近「地銀」と言い方を改めている銀行のことだが、知人はとても不愉快な経験をした様だ。

その支店とはもう取引をしたくないと思い、別のふたつの支店を尋ね、名刺を出して支店長への挨拶(名刺交換プラス)を願ったのだが、ひとつの支店では居留守を何回も使われた上に融資課長が「以後は私が承ります」と前の無礼支店と同じような対応をしてきたという。ならば、とまた別の支店(知人がよく使う駅から近い)を訪ねると取次ぎのフロア責任者(本人によれば課長クラスだが、実際には代理レベルと思われる)が彼の名刺を受け取りながらも、「支店長がお返事をするかどうかは、私にはお答えできません」と返答した。どうやら、この銀行の場合、どの支店にも共通する「一般顧客にはとてももったいなくて支店長など引き合わせられない」という態度を貫いている。何とか副支店長を引っ張り出して話をすると彼女は一応、丁寧に対応したが、後刻「支店長から、今後私が対応するように（つまり、いちいち支店長を煩わすな）と言われた」とほぼ他の2店と同じ返答が来た。

何が何でも支店長でもないだろうと読者は思われるかもしれないが、それは違う。支店長とは銀行という領国の一城の主だ。かつてほど権力はないと多くの行員は言うが、それでも支店内の人事権を握っている。その支店長がこの銀行の場合「小者との面談お断わり」である。

実は他行では様子がかなり違う。例えば、三菱UFJ銀行だが、ここでは前支店長の紹介がないとなかなか会えない。それを踏まえて、「ご紹介」というルーティンを踏めば、ほぼ間違いなく支店長は出て来る。三井住友銀行でも、みずほ銀行でもこのあたりの対応に大差はない。ところが本コラムで取り上げている地銀となるとことはそう簡単ではない。前支店長の紹介くらいでは「お偉い」現・支店長はお出ましにならないのだ。

これは、3店で証明済だ。たかだか支店長と言ってしまえばお仕舞だが、こうした対応は氷山の一角である。一事が万事で「客はどうでもよい」あるいは「銀行の〝大〟幹部である支店長は、それ相応の客しか会わない」と言っているのにほぼ等しい。まあ客をバカにした話だ。この地銀には私は従来、シンパシーを抱いてきたが（給与も他行に比べ少ないのに、脱銀行で頑張っていた）、最近の動きや知人の話を聞くと全く同情や共感の余地が生まれない。頭取ほかの幹部連中が行内外を睥睨《へいげい》している様子が目に見えるようだ。トップの考えや動きは下にすぐに伝染する。下は「忖度」するからだ。

物故の会長が標榜した「普通のサービス会社」のモットーは消え、今や「威張ること＝優良な銀行の証明」と時代錯誤の権威主義に陥っている。私が勤務していた都銀では、支店長は気安く顧客に接するのが当たり前で、権威主義の塊のようなM銀行と双璧をなしていた。今やM銀の後裔銀行でさえそうした不遜な態度は消えている（少なくとも客に見せない）が、この地銀は一体どうなってしまったのだろう。規模が拡大して「大男、総身に何とか」に堕しているというのが適当なのかもしれない。もし、これが不当な言い分と考えるなら、「お客様に近いなんとか銀行」とでも名打って本書、本エピソードに反論したらよいだろう。知人の敵討ちではないが、今後もこの銀行の態度に対して（きちんと反省しない限り）批判の手を緩める気はない。

第2章

ランキングから見る
メガバンク、地銀、信金……

金融機関のランキングはこうだ

図表2―1は大手5行（三菱UFJフィナンシャルグループ、みずほフィナンシャルグループ、三井住友フィナンシャルグループ＝三井住友銀行、りそなホールディングス、三井住友トラスト・ホールディングス＝三井住友トラスト）と地域銀行（金融庁用語で地方銀行のこと）の預金額によるランキングである。2018年3月期の9ヶ月が終わった段階（つまり第3四半期＝3Q）のデータを使っている。殆どの読者はご存知だと思うが、三井住友銀行と三井住友トラストは異なる金融グループである。共に住友グループ、三井グループに属するが仲が悪い。私もよく両社の統合を予想するがどうやら20年先までなさそうだ。

図表2―2は、銀行とは準拠法が違う金融機関である信金を同様に預金額でランキング表示した（但し、預金額1000億円以上のみ）。こちらは最新決算が公表されているのが2017年3月期のものなので、ほぼ1年前の数字ということになる。信組はふたつのランキングから除外している。図表2―3は、地域ごとに銀行を、図表2―4は同様に信金を著している。読者がお住まいの地域の金融機関実力を比べるには71ページからの図表2―3、2―4が便利かもしれない。

図表2-1　全国銀行預金額・実力度ランキング

順位	銀行名	本社本店所在地	預金額(D)(百万円)	自己資本額(E)(百万円)	自己資本率(%)	評価
1	三菱UFJ　FG	東京都	174,759,893	17,601,906	9.15	A
2	みずほ　FG	東京都	124,895,672	9,869,448	7.32	B
3	三井住友　FG	東京都	123,191,265	12,126,642	8.96	B
4	りそなホールディングス(関西アーバン・みなと)	東京都 大阪市	48,787,978	2,567,069	5	B
5	三井住友トラスト・ホールディングス	東京都	34,055,313	2,833,794	7.68	B
6	コンコルディア・FG(東日本・横浜)	東京都	15,081,891	1,169,946	7.20	B
7	めぶき　FG(足利・常陽)	東京都	13,875,949	916,616	6.20	B
8	ふくおか　FG(福岡・親和・熊本)	福岡県	13,511,784	760,240	5.33	B
9	千葉銀行	千葉県	11,742,461	957,794	7.54	B
10	ほくほく　FG(北海道・北陸)	富山県	10,926,521	614,343	5.32	B
11	静岡銀行	静岡県	9,409,464	1,004,714	9.65	A
12	山口　FG(山口・もみじ・北九州)	山口県	8,584,077	659,650	7.14	B
13	北洋銀行	北海道	8,080,242	433,872	5.10	B

※各グループ傘下の銀行の所在地は、関西アーバン(大阪)、みなと(兵庫)、東日本(東京)、横浜(神奈川)、足利(栃木)、常陽(茨城)、福岡(福岡)、親和(長崎)、熊本(熊本)、北海道(北海道)、北陸(富山)、山口(山口)、もみじ(広島)、北九州(福岡)

順位	銀行名	本社 本店 所在地	預金額 (D) (百万円)	自己資本額 (E) (百万円)	自己 資本率 (%)	評価
14	九州　FG (鹿児島・ 肥後)	鹿児島県	8,031,542	642,354	7.41	B
15	西日本　FH (西日本シ ティ・長崎)	福岡県	7,892,018	530,899	6.30	B
16	七十七銀行	宮城県	7,289,999	508,828	6.52	B
17	広島銀行	広島県	7,076,749	480,556	6.36	B
18	第四北越FG (第四・北越)	新潟県	7,018,838	470,021	6.28	B
19	京都銀行	京都府	6,818,946	938,930	12.10	A
20	群馬銀行	群馬県	6,529,385	548,195	7.75	B
21	八十二銀行	長野県	6,496,081	798,677	10.95	A
22	中国銀行	岡山県	6,240,594	548,549	8.08	B
23	十六銀行	岐阜県	5,479,370	366,691	6.27	B
24	東邦銀行	福島県	5,065,781	203,252	3.86	C
25	伊予銀行	愛媛県	5,002,811	659,507	11.65	A
26	大垣共立銀行	岐阜県	4,924,659	315,727	6.02	B
27	池田泉州銀行	大阪府	4,900,672	258,536	5.01	B
28	南都銀行	奈良県	4,845,729	294,916	5.74	B
29	東京きらぼし FG (八千代・ 東京都民・ 新銀行東京) ※2018年5月から は“きらぼし銀行”	東京都	4,744,121	291,061	5.78	B

※各グループ傘下の銀行の所在地は、鹿児島（鹿児島）、肥後（熊本）、西日本シティ（福岡）、長崎（長崎）。第四・北越ともに本店は新潟。八千代・東京都民・新銀行東京ともに本店は東京

順位	銀行名	本社 本店 所在地	預金額 (D) (百万円)	自己資本額 (E) (百万円)	自己資本率 (%)	評価
30	百五銀行	三重県	4,679,631	367,693	7.28	B
31	滋賀銀行	滋賀県	4,612,047	410,649	8.18	B
32	京葉銀行	千葉県	4,449,180	296,552	6.25	B
33	スルガ銀行	静岡県	4,062,928	374,011	8.43	B
34	百十四銀行	香川県	3,983,165	314,787	7.32	B
35	武蔵野銀行	埼玉県	3,949,918	248,754	5.92	B
36	紀陽銀行	和歌山県	3,919,139	231,552	5.58	B
37	山陰合同銀行	島根県	3,870,857	369,227	8.71	B
38	三十三　FG (第三・三重)	三重県	3,487,504	250,179	6.69	B
39	名古屋銀行	愛知県	3,386,512	239,696	6.61	B
40	トモニホールディングス(香川・大正・徳島)	香川県	3,339,713	222,602	6.25	B
41	北國銀行	石川県	3,311,729	280,946	7.82	B
42	岩手銀行	岩手県	2,901,557	207,589	6.68	B
43	山梨中央銀行	山梨県	2,845,492	224,739	7.32	B
44	愛知銀行	愛知県	2,803,674	239,536	7.87	B
45	大分銀行	大分県	2,718,362	205,474	7.03	B
46	栃木銀行	栃木県	2,668,633	169,985	5.99	B
47	阿波銀行	徳島県	2,624,061	286,186	9.83	A
48	四国銀行	高知県	2,622,778	153,487	5.53	B
49	十八銀行	長崎県	2,518,191	166,550	6.20	B
50	千葉興業銀行	千葉県	2,473,928	158,187	6.01	B

※第三・三重ともに本店は三重県。トモニホールディングス傘下の銀行の所在地は、香川（香川）、大正（大阪）、徳島（徳島）

順位	銀行名	本社本店所在地	預金額(D)(百万円)	自己資本額(E)(百万円)	自己資本率(%)	評価
51	秋田銀行	秋田県	2,462,054	185,245	7.00	B
52	フィデアホールディングス(北都・庄内)	宮城県	2,441,074	120,647	4.71	C
53	青森銀行	青森県	2,311,578	118,094	4.86	C
54	筑波銀行	茨城県	2,304,317	112,490	4.65	C
55	宮崎銀行	宮崎県	2,276,956	150,082	6.18	B
56	福井銀行	福井県	2,182,938	128,590	5.56	B
57	佐賀銀行	佐賀県	2,166,588	125,754	5.49	B
58	じもとホールディングス(きらやか・仙台)	宮城県	2,166,267	118,679	5.19	B
59	山形銀行	山形県	2,129,339	160,521	7.01	B
60	琉球銀行	沖縄県	2,064,418	115,472	5.30	B
61	東和銀行	群馬県	1,974,243	157,320	7.38	B
62	みちのく銀行	青森県	1,969,681	94,558	4.58	C
63	愛媛銀行	愛媛県	1,927,368	127,915	6.22	B
64	沖縄銀行	沖縄県	1,924,744	154,270	7.42	B
65	東京スター銀行	東京都	1,863,416	145,787	7.26	B
66	中京銀行	愛知県	1,769,354	111,283	5.92	B
67	清水銀行	静岡県	1,380,962	84,758	5.78	B
68	西京銀行	山口県	1,371,808	67,319	4.68	C
69	北日本銀行	岩手県	1,371,172	72,317	5.01	B
70	大光銀行	新潟県	1,306,233	83,898	6.04	B

※各グループ傘下の銀行の所在地は、北都(秋田)、庄内(山形)、きらやか(山形)、仙台(宮城)

順位	銀行名	本社 本店 所在地	預金額(D) (百万円)	自己資本額 (E) (百万円)	自己資本率 (%)	評価
71	富山第一銀行	富山県	1,157,778	107,276	8.48	B
72	トマト銀行	岡山県	1,123,809	50,014	4.26	C
73	長野銀行	長野県	1,016,469	58,470	5.44	B
74	但馬銀行	兵庫県	953,972	44,905	4.50	C
75	高知銀行	高知県	914,820	74,981	7.58	B
76	鳥取銀行	鳥取県	898,459	51,029	5.37	B
77	東北銀行	岩手県	828,114	38,888	4.49	C
78	南日本銀行	鹿児島県	749,522	44,375	5.59	B
79	福島銀行	福島県	721,095	32,488	4.31	C
80	大東銀行	福島県	709,115	39,784	5.31	B
81	筑邦銀行	福岡県	692,668	42,537	5.79	B
82	宮崎太陽銀行	宮崎県	633,381	49,599	7.26	B
83	沖縄海邦銀行	沖縄県	629,393	43,296	6.44	B
84	静岡中央銀行	静岡県	599,697	48,272	7.45	B
85	豊和銀行	大分県	528,779	30,881	5.52	B
86	福岡中央銀行	福岡県	475,586	29,279	5.80	B
87	富山銀行	富山県	448,150	37,984	7.81	B
88	神奈川銀行	神奈川県	438,350	24,758	5.35	B
89	福邦銀行	福井県	431,425	22,237	4.90	C
90	島根銀行	島根県	364,285	19,712	5.13	B
91	佐賀共栄銀行	佐賀県	233,449	15,249	6.13	B

図表2-2　全国信用金庫預金額・実力度ランキング

順位	銀行名	本社本店所在地	預金額(D)(百万円)	自己資本比率(%)	評価
1	京都中央信用金庫	京都府	4,480,425	10.91	B
2	城南信用金庫	東京都	3,573,071	10.07	B
3	岡崎信用金庫	愛知県	2,910,563	12.81	B
4	多摩信用金庫	東京都	2,644,221	8.37	C
5	埼玉縣信用金庫	埼玉県	2,641,680	8.99	C
6	尼崎信用金庫	兵庫県	2,511,319	17.18	B
7	大阪信用金庫	大阪府	2,506,647	8.73	C
8	大阪シティ信用金庫	大阪府	2,431,559	9.16	B
9	城北信用金庫	東京都	2,416,138	8.12	C
10	京都信用金庫	京都府	2,391,622	8.55	C
11	浜松磐田信用金庫(浜松+磐田)	静岡県	2,298,464	※n/a	-
12	岐阜信用金庫	岐阜県	2,281,807	9.31	B
13	瀬戸信用金庫	愛知県	2,089,674	14.64	B
14	碧海信用金庫	愛知県	1,967,507	16.98	B
15	川崎信用金庫	神奈川県	1,900,368	14.24	B
16	東京東信用金庫	東京都	1,785,228	11.42	B
17	巣鴨信用金庫	東京都	1,758,492	10.76	B
18	西武信用金庫	東京都	1,749,021	9.2	B
19	朝日信用金庫	東京都	1,741,546	9.2	B
20	横浜信用金庫	神奈川県	1,716,062	10.4	B
21	さわやか信用金庫	東京都	1,469,254	7.84	C
22	豊田信用金庫	愛知県	1,435,555	13.45	B
23	静岡焼津信用金庫(静岡+焼津)	静岡県	1,432,182	n/a	-

※n/a=not available、データなし。合併のため、金融庁ウェブサイトにデータの記載がない信用金庫

順位	銀行名	本社本店所在地	預金額(D)(百万円)	自己資本比率(%)	評価
24	広島信用金庫	広島県	1,336,390	11.92	B
25	北おおさか信用金庫	大阪府	1,288,539	10.71	B
26	飯能信用金庫	埼玉県	1,219,156	13.3	B
27	蒲郡信用金庫	愛知県	1,199,044	14.82	B
28	西尾信用金庫	愛知県	1,132,899	20.11	B
29	播州信用金庫	兵庫県	1,116,247	8.8	C
30	水戸信用金庫	茨城県	1,115,061	8.1	C
31	芝信用金庫	東京都	1,100,591	11.89	B
32	湘南信用金庫	神奈川県	1,086,731	5.27	C
33	東濃信用金庫	岐阜県	1,064,251	16.74	B
34	北海道信金(札幌＋小樽＋北海)	北海道	1,054,032	n/a	-
35	大阪厚生信用金庫	大阪府	1,042,238	9.34	B
36	きのくに信用金庫	和歌山県	1,032,612	17.9	B
37	千葉信用金庫	千葉県	1,031,013	8.15	C
38	かながわ信用金庫	神奈川県	1,021,078	7.74	C
39	いちい信用金庫	愛知県	1,016,406	11.21	B
40	しののめ信用金庫	群馬県	953,510	7.51	C
41	東京信用金庫	東京都	874,721	8.39	C
42	島田掛川信用金庫(島田＋掛川)	静岡県	866,749	n/a	-
43	豊橋信用金庫	愛知県	852,480	15.98	B
44	三島信用金庫	静岡県	840,417	22.53	A
45	姫路信用金庫	兵庫県	837,252	8.24	B
46	川口信用金庫	埼玉県	820,173	11.18	B
47	旭川信用金庫	北海道	805,593	22.59	A

順位	銀行名	本社本店所在地	預金額(D)(百万円)	自己資本比率(%)	評価
48	福井信用金庫	福井県	787,184	15.68	B
49	長野信用金庫	長野県	763,526	24.85	A
50	豊川信用金庫	愛知県	753,356	10.3	B
51	青梅信用金庫	東京都	749,133	10.05	B
52	京都北都信用金庫	京都府	745,493	10.47	B
53	大垣西濃信用金庫	岐阜県	737,527	14.01	B
54	桑名三重信用金庫(桑名+三重)	三重県	724,269	n/a	-
55	知多信用金庫	愛知県	723,635	11.4	B
56	青木信用金庫	埼玉県	722,990	7.42	C
57	高知信用金庫	高知県	714,629	46.51	A
58	静清信用金庫	静岡県	707,219	18.23	B
59	日新信用金庫	兵庫県	701,049	10.7	B
60	但陽信用金庫	兵庫県	695,485	18.24	B
61	さがみ信用金庫	神奈川県	695,069	10.63	B
62	呉信用金庫	広島県	683,977	12.8	B
63	帯広信用金庫	北海道	682,507	19.63	B
64	東京シティ信用金庫	東京都	673,577	8.59	C
65	兵庫信用金庫	兵庫県	665,271	9.58	B
66	福岡ひびき信用金庫	福岡県	651,139	12.83	B
67	瀧野川信用金庫	東京都	646,261	10.21	B
68	西京信用金庫	東京都	626,847	9.51	B
69	愛媛信用金庫	愛媛県	610,971	21.62	B
70	青い森信用金庫	青森県	604,343	12.76	B
71	大和信用金庫	奈良県	587,526	11.56	B

順位	銀行名	本社本店所在地	預金額（D）（百万円）	自己資本比率（%）	評価
72	淡路信用金庫	兵庫県	555,238	20.98	B
73	西中国信用金庫	山口県	547,635	9.63	B
74	鹿児島相互信用金庫	鹿児島県	547,603	7.27	C
75	永和信用金庫	大阪府	527,071	10.45	B
76	亀有信用金庫	東京都	524,973	18.38	B
77	飯田信用金庫	長野県	522,867	17.48	B
78	中兵庫信用金庫	兵庫県	521,162	25.03	A
79	大阪商工信用金庫	大阪府	511,128	8.7	C
80	東京ベイ信用金庫	千葉県	501,414	9.88	B
81	沼津信用金庫	静岡県	497,290	16.08	B
82	金沢信用金庫	石川県	494,332	10.21	B
83	足立成和信用金庫	東京都	488,396	9.51	B
84	桐生信用金庫	群馬県	486,025	10.75	B
85	銚子信用金庫	千葉県	485,986	12.69	B
86	おかやま信用金庫	岡山県	485,009	10.55	B
87	平塚信用金庫	神奈川県	477,002	10.92	B
88	北見信用金庫	北海道	470,973	24.41	A
89	奈良中央信用金庫	奈良県	466,250	17.43	B
90	高崎信用金庫	群馬県	465,897	10.17	B
91	杜の都信用金庫	宮城県	450,500	8.35	C
92	西兵庫信用金庫	兵庫県	440,724	18.73	B
93	神戸信用金庫	兵庫県	440,529	12.81	B
94	但馬信用金庫	兵庫県	435,955	25.4	A
95	尾西信用金庫	愛知県	432,052	9.35	B
96	遠州信用金庫	静岡県	425,161	13.68	B

順位	銀行名	本社本店所在地	預金額（D）（百万円）	自己資本比率（%）	評価
97	山梨信用金庫	山梨県	421,482	10.56	B
98	北伊勢上野信用金庫	三重県	420,130	8.38	C
99	甲府信用金庫	山梨県	417,673	14.98	B
100	稚内信用金庫	北海道	417,540	57.32	A
101	滋賀中央信用金庫	滋賀県	415,554	10.71	B
102	中栄信用金庫	神奈川県	413,708	21.33	B
103	昭和信用金庫	東京都	405,791	9.94	B
104	高松信用金庫	香川県	403,152	10.09	B
105	苫小牧信用金庫	北海道	396,899	25.89	A
106	富山信用金庫	富山県	391,763	17.59	B
107	松本信用金庫	長野県	390,469	16.55	B
108	福島信用金庫	福島県	377,753	12.31	B
109	大分みらい信用金庫	大分県	374,301	13.88	B
110	三条信用金庫	新潟県	373,879	18.2	B
111	高岡信用金庫	富山県	370,436	14.27	B
112	玉島信用金庫	岡山県	364,040	11.75	B
113	諏訪信用金庫	長野県	361,251	22.15	A
114	枚方信用金庫	大阪府	357,890	11.35	B
115	結城信用金庫	茨城県	353,799	12.55	B
116	しまなみ信用金庫	広島県	343,889	10.09	B
117	室蘭信用金庫	北海道	337,659	23.04	A
118	興産信用金庫	東京都	333,289	8.84	C
119	奈良信用金庫	奈良県	332,077	9.88	B
120	大地みらい信用金庫	北海道	329,093	26.09	A
121	富士信用金庫	静岡県	327,010	15.71	B

順位	銀行名	本社本店所在地	預金額(D)(百万円)	自己資本比率(%)	評価
122	アルプス中央信用金庫	長野県	312,571	11.13	B
123	のと共栄信用金庫	石川県	309,354	13.66	B
124	鹿児島信用金庫	鹿児島県	308,584	8.42	B
125	富士宮信用金庫	静岡県	308,367	27.93	A
126	遠軽信用金庫	北海道	303,325	21.26	B
127	半田信用金庫	愛知県	301,984	10.12	B
128	空知信用金庫	北海道	297,484	19.19	B
129	中日信用金庫	愛知県	294,859	10.93	B
130	足利小山信用金庫	栃木県	292,025	9.41	B
131	新潟信用金庫	新潟県	289,733	16.7	B
132	東春信用金庫	愛知県	288,550	9.58	B
133	中南信用金庫	神奈川県	287,718	15.58	B
134	アイオー信用金庫	群馬県	284,779	9.3	B
135	長浜信用金庫	滋賀県	281,679	21.37	B
136	観音寺信用金庫	香川県	281,480	25.25	A
137	あぶくま信用金庫	福島県	281,278	31.91	A
138	網走信用金庫	北海道	275,430	32.25	A
139	道南うみ街信用金庫(江差+函館)	北海道	270,018	18.52	B
140	熊本第一信用金庫	熊本県	269,505	8.73	C
141	栃木信用金庫	栃木県	267,452	6.55	C
142	北星信用金庫	北海道	256,241	15.15	B
143	北門信用金庫	北海道	254,611	17.27	B
144	愛知信用金庫	愛知県	245,080	14.85	B
145	上田信用金庫	長野県	244,726	17.01	B

順位	銀行名	本社本店所在地	預金額（D）（百万円）	自己資本比率（%）	評価
146	興能信用金庫	石川県	241,563	17.13	B
147	高山信用金庫	岐阜県	239,236	9.72	B
148	ひまわり信用金庫	福島県	238,045	10.61	B
149	関信用金庫	岐阜県	235,909	14.78	B
150	盛岡信用金庫	岩手県	235,540	11.96	B
151	高鍋信用金庫	宮崎県	234,915	13.74	B
152	飯塚信用金庫	福岡県	232,041	17.06	B
153	石巻信用金庫	宮城県	222,607	31.37	A
154	白河信用金庫	福島県	221,516	21.1	B
155	水島信用金庫	岡山県	220,927	10.34	B
156	釧路信用金庫	北海道	215,179	13.96	B
157	大分信用金庫	大分県	210,961	23.28	A
158	須賀川信用金庫	福島県	209,525	11.64	B
159	上越信用金庫	新潟県	209,403	15.72	B
160	一関信用金庫	岩手県	206,653	12.8	B
161	東山口信用金庫	山口県	205,954	10.5	B
162	遠賀信用金庫	福岡県	204,906	14.17	B
163	世田谷信用金庫	東京都	203,600	8.33	C
164	鹿沼相互信用金庫	栃木県	202,834	7.07	C
165	郡山信用金庫	福島県	202,333	17.18	B
166	長岡信用金庫	新潟県	202,116	15.11	B
167	徳島信用金庫	徳島県	201,676	8.89	C
168	留萌信用金庫	北海道	200,273	15.23	B
169	佐原信用金庫	千葉県	200,120	12.74	B
170	湖東信用金庫	滋賀県	200,097	15.34	B

順位	銀行名	本社本店所在地	預金額(D)(百万円)	自己資本比率(%)	評価
171	萩山口信用金庫	山口県	198,689	12.48	B
172	コザ信用金庫	沖縄県	194,650	8.25	C
173	会津信用金庫	福島県	190,447	18.39	B
174	米子信用金庫	鳥取県	189,090	8.95	C
175	島根中央信用金庫	島根県	185,986	9.71	B
176	鶴岡信用金庫	山形県	182,206	28.4	A
177	大牟田柳川信用金庫	福岡県	180,610	15.46	B
178	熊本中央信用金庫	熊本県	179,083	8.74	C
179	烏山信用金庫	栃木県	178,878	10.5	B
180	仙南信用金庫	宮城県	175,418	11.17	B
181	鳥取信用金庫	鳥取県	172,841	7.59	C
182	にいかわ信用金庫	富山県	170,948	9.14	B
183	北陸信用金庫	石川県	169,628	7.06	C
184	利根郡信用金庫	群馬県	168,866	10.59	B
185	目黒信用金庫	東京都	163,194	10.34	B
186	渡島信用金庫	北海道	160,813	9.47	B
187	東奥信用金庫	青森県	160,331	15.26	B
188	熊本信用金庫	熊本県	159,924	9.8	B
189	吉備信用金庫	岡山県	159,710	13.79	B
190	伊達信用金庫	北海道	157,610	16.88	B
191	越前信用金庫	福井県	157,207	23.22	A
192	東京三協信用金庫	東京都	153,786	8.93	C
193	館山信用金庫	千葉県	152,562	16.14	B
194	気仙沼信用金庫	宮城県	149,755	36.4	A
195	筑後信用金庫	福岡県	149,218	18.43	B

順位	銀行名	本社本店所在地	預金額(D)(百万円)	自己資本比率(%)	評価
196	幡多信用金庫	高知県	143,825	21.58	B
197	津山信用金庫	岡山県	140,898	10.14	B
198	宮崎都城信用金庫(宮崎＋都城)	宮崎県	136,385	n/a	-
199	小松川信用金庫	東京都	136,121	10.92	B
200	北群馬信用金庫	群馬県	135,805	11.57	B
201	二本松信用金庫	福島県	133,922	13	B
202	羽後信用金庫	秋田県	133,857	16.89	B
203	九州ひぜん信用金庫	佐賀県	131,867	9.78	B
204	東榮信用金庫	東京都	127,610	11.98	B
205	秋田信用金庫	秋田県	126,839	12.56	B
206	天草信用金庫	熊本県	126,760	17.47	B
207	備前信用金庫	岡山県	126,685	13.68	B
208	敦賀信用金庫	福井県	126,408	12.51	B
209	宮城第一信用金庫	宮城県	126,286	9.12	B
210	大川信用金庫	福岡県	124,600	17.67	B
211	館林信用金庫	群馬県	124,542	11.32	B
212	米沢信用金庫	山形県	123,006	16.61	B
213	山形信用金庫	山形県	121,429	9.78	B
214	水沢信用金庫	岩手県	120,723	14.33	B
215	鶴来信用金庫	石川県	120,006	8.41	C
216	佐賀信用金庫	佐賀県	116,585	12.28	B
217	福岡信用金庫	福岡県	116,178	8.97	C
218	日高信用金庫	北海道	115,396	26.54	A
219	たちばな信用金庫	長崎県	114,189	8.39	C

順位	銀行名	本社本店所在地	預金額（D）（百万円）	自己資本比率（%）	評価
220	津信用金庫	三重県	112,961	29.03	A
221	北空知信用金庫	北海道	112,889	10.38	B
222	大田原信用金庫	栃木県	110,762	11.32	B
223	八幡信用金庫	岐阜県	110,310	38.58	A
224	備北信用金庫	岡山県	110,133	18	B
225	佐野信用金庫	栃木県	106,940	10.44	B
226	宇和島信用金庫	愛媛県	106,584	10.37	B
227	新井信用金庫	新潟県	103,729	15.93	B
228	新宮信用金庫	和歌山県	102,710	24.24	A
229	東予信用金庫	愛媛県	102,593	13.67	B
230	日生信用金庫	岡山県	100,082	10.07	B

※預金量1000億円以下の信用金庫は記載しておりません

金融機関の評価基準

これらの図表の見方を長々と説明する気はないが、全体のバランスを見て、銀行の場合は本書で言う「Eレシオ」（発音的にはレイショーなのだが、財務の世界ではレシオとラテン語やポルトガル語のような発音をすることになっている）で3段階評価をしている。掲載しているランキングは預金額の順に並べたものであり、必ずしも上位の銀行、信金の評価が高いとは限らない。Eレシオ（自己資本Eを銀行にとっての負債である預金Dと自己資本Eの合計で割ったもの。E÷（D＋E）で計算）が9％超のところをA、5％未満をC、その間をBと評価した。

信金の場合は、各庫が公表している（金融庁がウェブサイトに掲載している）自己資本率をそのまま使い、22％以上のところをA、9％未満のところをC、その間をBとした。

厳密には異なるが概ね趣旨が同じ本書の銀行・Eレシオと信金・自己資本率を比較すると様々なことが判る。そのひとつは規模の小さい信金のほうが、自己資本が充実しているということである。これ自体は一般に良いとされるが、資本を効率的に使っているかという観点からは拙いかもしれない。しかし、信金は協同組合組織（信組も同じ）であり、「儲け」

が組織存立の第一ではないため、これも許容されるのだろう。ただ、実質的に銀行と変わらない信金への評価がこれで甘くなってはよくない。同じ土俵で戦っている以上、基準も同じでなければならない。

尚、地域別に論じる際には信金は従来型の分類(北海道、東北、関東、中部、近畿、中国、四国、九州、沖縄、但し三重は中部に、山口は九州に)で述べるが、銀行については他著でも使っているツダ式分類による。北海道東北、関東甲信越、東海北陸、近畿(三重を除く)、中四国(山口を除く)、九州沖縄である。理由は中部にある甲信越が関東と経済的にはより結び付きが強いこと、三重も同じく東海経済圏に属していること、山口は九州経済圏と一体化していることによる。

(1)全国の銀行を概観

銀行全体のランキング(図表2—1)では上位と下位についてのみ述べる。

銀行では当然のことながら大手5行が入っている。新生銀行とあおぞら銀行、また流通系のセブン銀行やIT系のソニー銀行などを含めていないのには理由がある。本書は「伝統的な銀行」を論じるためのものであり、新興勢力のセブン銀行やソニー銀行は対象外であること。新生銀行とあおぞら銀行は、伝統的な「商業」銀行とはかけ離れた業務展開をしているので、これまた並べて論じることができないためである。ちなみに商業銀行とは広く預金を集めて、同じく広く貸す（融資を行う）というビジネスを行っているところで、先に述べた投資銀行（大手の法人のみと取引し、主体は証券国際業務）やプライベートバンク（富裕個人のみを相手する相談業務など）とは大きく異なる。尚、りそなホールディングス傘下に幾つも銀行があるがこれは個別には論じない。近畿で、関西みらいフィナンシャルグループという中間持株会社の下に近畿大阪銀行＋関西アーバン銀行（合併予定）とみなと銀行があり、関東では埼玉りそな銀行とりそな銀行がある、と言及するに留める。

(2)地域銀行の顔ぶれと実力

前置きはこのくらいにして、大手5行以外の地域銀行（以下、多くが戦前からある、第一地方銀行＝地方銀行と相互銀行から業態転換した第二地方銀行を併せて地銀と略す）の上位10行はフィナンシャルグループ（銀行グループ）を形成している場合は合計すると、以下の顔ぶれとなる。①コンコルディア・フィナンシャルグループ（傘下に横浜銀行と東日本銀行）、②めぶきフィナンシャルグループ（茨城県の常陽銀行と栃木県の足利銀行）、③ふくおかフィナンシャルグループ（福岡銀行、長崎県の親和銀行、熊本銀行）、④千葉銀行（千葉県）、⑤ほくほくフィナンシャルグループ（傘下に北陸銀行と北海道銀行）、⑥静岡銀行（静岡県）、⑦山口フィナンシャルグループ（傘下に山口銀行、福岡県の北九州銀行、広島県のもみじ銀行）、⑧北洋銀行（北海道）、⑨九州フィナンシャルグループ（傘下に鹿児島銀行、熊本県の肥後銀行）⑩西日本フィナンシャルホールディングス（福岡県の西日本シティ銀行と長崎銀行）。七十七銀行（宮城県）、広島銀行（広島県）、２０１８年10月に統合する第四北越フィナンシャルグループ（新潟県）、京都銀行（京都府）、群馬銀行（群馬県）、などが続く。地域ごとの説明は大きいところに限る。

まず北海道東北では預金量の順に並べると、北海道銀行を擁する、ほくほくフィナンシャルグループ（北海道）がトップ（北陸では論じない）。2位以下が同じく北海道の北洋銀行、七十七銀行（宮城県）、東邦銀行（福島県）と続く。岩手県、山形県、福島県を除く（それぞれ3行ある）と道と各県にはふたつずつ銀行がある。預金量は、ほくほくフィナンシャルグループの11兆円弱から大東銀行の7100億円とかなり幅がある。

関東甲信越と括り、北関東3県から論じると最大手はめぶきフィナンシャルグループではない。というのも彼らは東京都に本拠を置いているからだ。トップは群馬銀行（群馬県）となり、最小は東和銀行（群馬県）だ。甲信越では1位が第四北越フィナンシャルグループ（新潟県）で、2位の八十二銀行（長野県）を上回る。最小は長野銀行（長野県）である。

南関東は銀行最激戦地であるため銀行数（グループを1と数える）も9あり、最大がコンコルディア・フィナンシャルグループ（めぶきと同じく東京都）で、めぶきフィナンシャルグループ、千葉銀行（千葉県）と続く。最小は神奈川銀行（神奈川県）だ。

東海北陸のうち、北陸3県では（ほくほくフィナンシャルグループに属する北陸銀行を除く）トップは北國銀行（石川県）で最下位が福邦銀行（福井県）となる。東海4県（三重を含む、愛知、岐阜、静岡）では、静岡銀行（静岡県）がトップ、十六銀行（岐阜県）が続き、最小は静岡中央銀行（静岡県）。合併した三十三フィナンシャルグループもこの地域だ。

三重を除く近畿では、京都銀行に池田泉州銀行（大阪府）、南都銀行（奈良県）と滋賀銀行が僅差で続く。最小は但馬銀行（兵庫県）だ。

山口を除く中国四国では、トップは広島銀行（広島県）。中国銀行（岡山県）が続く。3番手が伊予銀行（愛媛県）で、最小は島根銀行（島根県）だ。

山口を含む九州沖縄では、グループが4つあり、預金量の順で言えば、ふくおかFG（傘下に福岡銀行、親和銀行、熊本銀行）、山口フィナンシャルグループ（山口銀行、北九州銀行、もみじ銀行）、九州FG（肥後銀行、鹿児島銀行）、西日本フィナンシャルホールディングス（西日本シティ銀行、長崎銀行）である。最小は日本で最も小さい佐賀共栄銀行（佐賀県）である。単体では長崎銀行のほうが小さいが、西日本フィナンシャルホールディングスに参加しているので、庇護があると言えよう。

(3) 全国の信金の上位の様子は

信金のランキングは、銀行と同様に預金量で比較すると上位20庫は以下の顔ぶれとなる。銀行と違いフィナンシャルグループ（持株会社などの下に複数の銀行がぶら下がる形態）を取っていないので単体で見ることができるので簡単だ。尚、預金量が1000億円以下のところは記載していない。

①京都中央信金、②城南信金（東京都）、③岡崎信金（愛知県）、④多摩信金（東京都）、⑤埼玉縣信金（埼玉県）、⑥尼崎信金（兵庫県）、⑦大阪信金（大阪府）、⑧大阪シティ信金（大阪府）、⑨城北信金（東京都）、⑩京都信金（京都府）、⑪浜松磐田信金（静岡県。合併後）、⑫岐阜信金（岐阜県）、⑬瀬戸信金（愛知県）、⑭碧海信金（愛知県）、⑮川崎信金（神奈川県）、⑯東京東信金（東京都）、⑰巣鴨信金（東京都）、⑱西武信金（東京都）、⑲朝日信金（東京都）、⑳横浜信金（神奈川県）である。これに、さわやか信金（東京都）、豊田信金（愛知県）、静岡焼津信金（静岡県。合併後）、広島信金と続く。多くが三大都市圏（首都圏、中京圏、阪神圏）に集中していることが判る。

信金の実力度は

信金についても地域ごとの説明は比較優位のあるところ（つまり預金量が多い）に限る。まず北海道だがここは信金数が多い。合併で預金量が1兆円を超えた北海道信金（もとは札幌、北海、小樽の3信金）に旭川信金、帯広信金と続く。東北6県では、青い森信金（青森県）が最大手で、杜の都信金（宮城県）、福島信金（福島県）が2番手、3番手だ。

関東では、まず北関東3県のトップが水戸信金（茨城県）。しののめ信金（群馬県）が2番で、3番手に桐生信金（群馬県）が来る。南関東のうち、東京都を除くと埼玉縣信金（埼玉県）、川崎信金、横浜信金（ともに神奈川県）、飯能信金（埼玉県）、湘南信金（神奈川県）、千葉信金（千葉県）、かながわ信金（神奈川県）あたりが預金量1兆円以上のところだ。東京都は激戦区で9信金が預金量1兆円を超すが、順位は城南信金、多摩信金、城北信金、東京東信金、巣鴨信金、西武信金、さわやか信金、芝信金と続く。

中部のうち甲信越では、4000億円以上が、長野信金、飯田信金（ともに長野県）、山梨信金、甲府信金（ともに山梨県）。北陸3県では、福井信金（福井県）、金沢信金（石川県）のふたつだけだが、3000億円台に富山信金と高岡信金（ともに富山県）、のと共栄信金（石川県）がある。東海地方は愛知県を除いても大激戦だ。合併で全国11位になる浜松磐田信金（静岡県）、同じく合併予定庫の静岡焼津信金（静岡県）、岐阜信金、東濃信金（岐阜県）が1兆円超えである。愛知県にも1兆円以上の預金量を誇る信金が7つあり、岡崎信金、瀬戸信金、碧海信金、豊田信金、蒲郡信金、西尾信金、いちい信金である。

近畿に目を転じると、大手（1兆円以上）が9庫ある。全国最大手の京都中央信金（京都府）に始まり、尼崎信金（兵庫県）、大阪信金（大阪府）、大阪シティ信金（大阪府）、京都信金（京都府）、北おおさか信金（大阪府）、播州信金（兵庫県）、大阪厚生信金（大阪府）、きのくに信金（和歌山県）がそれである。

中国四国では、広島信金（広島県）のみが1兆円超えで、6000億円超は高知信金（高知県）、呉信金（広島県）、愛媛信金（愛媛県）である。3000億円にハードルを下げるとおかやま信金（岡山県）、高松信金（香川県）、玉島信金（岡山県）、しまなみ信金（広島県）が入る。

九州沖縄も大手が少なく6000億円台に福岡ひびき信金（福岡県）があるのみで、3000億円以上だと西中国信金（山口県）、鹿児島相互信金（鹿児島県）、大分みらい信金（大分県）、鹿児島信金（鹿児島県）が入る。尚、沖縄県の信金はコザ信金（沖縄県）だけだ。

銀行、信金の評価の仕方

本書では新たな試みを行うこととした。預金量だけでなく自己資本率を銀行、信金の実力として評価することだ。厳密には違うが、私が本書でEレシオと呼ぶ「近似・自己資本比率」が預金と自己資本の関係を見るうえで役に立つのでこれを使う。式は、繰り返しになるがE÷（D＋E）。一般企業だとここに外部負債額（銀行借り入れなど）が入るが、銀行の場合、負債とは預金そのものなので、同じくDを使う。DebtではなくDepositだがどちらも頭文字はDだ。Eというのは銀行でも一般企業でもEquity、つまり自己資本のことを指す。DEレシオといって、負債額を分子に負債額＋自己資本額を分母にもってきて計算する負債比率というものがあるが、これはどの程度、負債で会社運営を賄っているか判る指標だ。これと近似・自己資本比率は相対の関係にある。

負債比率（銀行にとっては預金への依存度）が高い場合、近似・自己資本比率（＝本書で言うEレシオ）は低く、逆に負債比率が高いと近似・自己資本比率が高いという関係になる。この「近似・自己資本比率」（銀行の場合）と「自己資本比率」（信金）とは全く同じではないが、本書では同等として扱う。前者は自ら計算、後者は金融庁が調べたデータを使っている。

銀行の自己資本率の実態

全体像は省略して、地域ごとの特色を述べる。まず銀行からだ。

北海道東北では9％超、つまりA評価の銀行や銀行グループはひとつもない。5％未満のC評価のところは、フィデアホールディングス（宮城県）、青森銀行（青森県）、みちのく銀行（青森県）、東北銀行（岩手県）、東邦銀行、福島銀行（ともに福島県）と多い。この地域の銀行群は、全体として自己資本が薄いと言える。

関東甲信越はA評価行がひとつある。長野県の八十二銀行だ。10％超である。一方、Cが筑波銀行（茨城県）のみで、他行はBの範疇にある。規模も大きく、自己資本も厚いと評価できる。

東海北陸では、静岡銀行（静岡県）のみAランクだが、スルガ銀行（静岡県）もほぼそのレベルにある。Cは福邦銀行（福井県）のみで、殆どの銀行がBと評価される。関東甲信越と同じく、規模がかなりあり、自己資本も充実しているということだ。

近畿（三重を除く）では、京都銀行（京都府）がダントツだ。12％超でA。Cランクは但馬銀行（兵庫県）のみ。

中国四国（山口を除く）は、伊予銀行（愛媛県）と阿波銀行（徳島県）がA。トマト銀行（岡山県）がCで、ほかはすべてBランクだ。規模はそれほど大きくないが、自己資本は比較的厚いと言えるだろう。九州沖縄では、Aランクはなく、Cランクもひとつしかない。規模、自己資本比率ともに中堅どころと考えてよいだろう。

信金の自己資金はどうか

信金は前にも述べたが、規模が小さい割には自己資本が充実している。リスクを取らない堅実経営とも言えるが、信用創造（少ない元手で大きく貸すことで経済の拡大に寄与するという考え方）という銀行の持つ本源的機能に背を向けていると言えなくもない。弱い銀行は信金、信組になればよい、という議論をする人がいるが、彼らにすれば小規模厚資本の金融機関がお手本になるということだろう。

信金でAランクは自己資本比率（金融庁調べ）が22％なので、地域ごとに良いところだけを列挙する。まず北海道から。

預金量の順番では、旭川信金、北見信金（カーリングで注目を集めた北見市）、稚内信金、苫小牧信金、室蘭信金、大地みらい信金、網走信金、日高信金である。

東北では、鶴岡信金（山形県）、石巻信金、気仙沼信金（ともに宮城県）、あぶくま信金（福島県）が入る。

関東には驚くことにひとつもない。少ない資本を回転させている（使っている）という意味では銀行に極めて近いビジネスモデルであることが想像される。実際に関東では信金と銀行がともに、生命保険や投資信託を熱心に売っていることも含めて、殆ど差がない。

中部では、長野信金、諏訪信金（ともに長野県）、越前信金（福井県）、三島信金、富士宮信金（ともに静岡県）、八幡信金（岐阜県）、津信金（三重県）と多い。

近畿では、新宮信金（和歌山県）、中兵庫信金、但馬信金（ともに兵庫県）がランク入りしている。規模の小さいところが多い。

中国四国にはAランクは観音寺信金（香川県）しかない。高知信金も高いが、ここのビジネスモデルは投資ファンドと言ってもよいほど運用主体なので「信金」の範疇には入らないと考える。

九州沖縄では、大分信金（大分県）のみがA評価だ。

自己資本と預金量をプロットすると反比例しそうだ。つまり自己資本比率が高いところほど規模が小さい（預金量が少ない）ということだ。

以上、取引銀行や信金を見極めるうえで読者の参考になっただろうか。

図表2-3　地域別銀行預金額・実力度ランキング

順位	銀行名	本社 本店 所在地	預金額（D） （百万円）	自己資本額 （E） （百万円）	自己資本率 （%）	評価
大手5行						
1	三菱UFJ　FG	東京都	174,759,893	17,601,906	9.15	A
2	みずほ　FG	東京都	124,895,672	9,869,448	7.32	B
3	三井住友　FG	東京都	123,191,265	12,126,642	8.96	B
4	りそなホールディングス（関西アーバン・みなと）	東京都 大阪市	48,787,978	2,567,069	5	B
5	三井住友トラスト・ホールディングス	東京都	34,055,313	2,833,794	7.68	B
北海道・東北地方						
1	ほくほく　FG（北海道・北陸）	富山県	10,926,521	614,343	5.32	B
2	北洋銀行	北海道	8,080,242	433,872	5.10	B
3	七十七銀行	宮城県	7,289,999	508,828	6.52	B
4	東邦銀行	福島県	5,065,781	203,252	3.86	C
5	岩手銀行	岩手県	2,901,557	207,589	6.68	B
6	秋田銀行	秋田県	2,462,054	185,245	7.00	B
7	フィデアホールディングス（北都・庄内）	宮城県	2,441,074	120,647	4.71	C
8	青森銀行	青森県	2,311,578	118,094	4.86	C
9	じもとホールディングス（きらやか・仙台）	宮城県	2,166,267	118,679	5.19	B

※各グループ傘下の銀行の所在地は、北海道（北海道）、北陸（北陸）、北都（秋田）、庄内（山形）、きらやか（山形）、仙台（宮城）

順位	銀行名	本社本店所在地	預金額（D）（百万円）	自己資本額（E）（百万円）	自己資本率（%）	評価
10	山形銀行	山形県	2,129,339	160,521	7.01	B
11	みちのく銀行	青森県	1,969,681	94,558	4.58	C
12	北日本銀行	岩手県	1,371,172	72,317	5.01	B
13	東北銀行	岩手県	828,114	38,888	4.49	C
14	福島銀行	福島県	721,095	32,488	4.31	C
15	大東銀行	福島県	709,115	39,784	5.31	B
	関東・甲信越地方					
1	コンコルディア・FG（東日本・横浜）	東京都	15,081,891	1,169,946	7.20	B
2	めぶきFG（足利・常陽）	東京都	13,875,949	916,616	6.20	B
3	千葉銀行	千葉県	11,742,461	957,794	7.54	B
4	第四北越FG（第四・北越）	新潟県	7,018,838	470,021	6.28	B
5	群馬銀行	群馬県	6,529,385	548,195	7.75	B
6	八十二銀行	長野県	6,496,081	798,677	10.95	A
7	東京きらぼしFG（八千代・東京都民・新銀行東京）※2018年5月からは"きらぼし銀行"	東京都	4,744,121	291,061	5.78	B
8	京葉銀行	千葉県	4,449,180	296,552	6.25	B
9	武蔵野銀行	埼玉県	3,949,918	248,754	5.92	B
10	山梨中央銀行	山梨県	2,845,492	224,739	7.32	B

※各グループ傘下の銀行の所在地は、東日本（東京）、横浜（神奈川）、足利（栃木）常陽（茨城）、第四・北越（新潟）、八千代・東京都民・新銀行東京（東京）

順位	銀行名	本社本店所在地	預金額(D)(百万円)	自己資本額(E)(百万円)	自己資本率(%)	評価
11	栃木銀行	栃木県	2,668,633	169,985	5.99	B
12	千葉興業銀行	千葉県	2,473,928	158,187	6.01	B
13	筑波銀行	茨城県	2,304,317	112,490	4.65	C
14	東和銀行	群馬県	1,974,243	157,320	7.38	B
15	東京スター銀行	東京都	1,863,416	145,787	7.26	B
16	大光銀行	新潟県	1,306,233	83,898	6.04	B
17	長野銀行	長野県	1,016,469	58,470	5.44	B
18	神奈川銀行	神奈川県	438,350	24,758	5.35	B
		東海・北陸地方				
1	静岡銀行	静岡県	9,409,464	1,004,714	9.65	A
2	十六銀行	岐阜県	5,479,370	366,691	6.27	B
3	大垣共立銀行	岐阜県	4,924,659	315,727	6.02	B
4	百五銀行	三重県	4,679,631	367,693	7.28	B
5	スルガ銀行	静岡県	4,062,928	374,011	8.43	B
6	三十三　FG(第三・三重)	三重県	3,487,504	250,179	6.69	B
7	名古屋銀行	愛知県	3,386,512	239,696	6.61	B
8	北國銀行	石川県	3,311,729	280,946	7.82	B
9	愛知銀行	愛知県	2,803,674	239,536	7.87	B
10	福井銀行	福井県	2,182,938	128,590	5.56	B
11	中京銀行	愛知県	1,769,354	111,283	5.92	B
12	清水銀行	静岡県	1,380,962	84,758	5.78	B
13	富山第一銀行	富山県	1,157,778	107,276	8.48	B
14	静岡中央銀行	静岡県	599,697	48,272	7.45	B

※三十三FG傘下の銀行の所在地は、第三・三重ともに本店は三重

順位	銀行名	本社本店所在地	預金額(D)(百万円)	自己資本額(E)(百万円)	自己資本率(%)	評価
15	富山銀行	富山県	448,150	37,984	7.81	B
16	福邦銀行	福井県	431,425	22,237	4.90	C
近畿地方(三重県を除く)						
1	京都銀行	京都府	6,818,946	938,930	12.10	A
2	池田泉州銀行	大阪府	4,900,672	258,536	5.01	B
3	南都銀行	奈良県	4,845,729	294,916	5.74	B
4	滋賀銀行	滋賀県	4,612,047	410,649	8.18	B
5	紀陽銀行	和歌山県	3,919,139	231,552	5.58	B
6	但馬銀行	兵庫県	953,972	44,905	4.50	C
中国・四国地方(山口県を除く)						
1	広島銀行	広島県	7,076,749	480,556	6.36	B
2	中国銀行	岡山県	6,240,594	548,549	8.08	B
3	伊予銀行	愛媛県	5,002,811	659,507	11.65	A
4	百十四銀行	香川県	3,983,165	314,787	7.32	B
5	山陰合同銀行	島根県	3,870,857	369,227	8.71	B
6	トモニホールディングス(香川・大正・徳島)	香川県	3,339,713	222,602	6.25	B
7	阿波銀行	徳島県	2,624,061	286,186	9.83	A
8	四国銀行	高知県	2,622,778	153,487	5.53	B
9	愛媛銀行	愛媛県	1,927,368	127,915	6.22	B
10	トマト銀行	岡山県	1,123,809	50,014	4.26	C
11	高知銀行	高知県	914,820	74,981	7.58	B

※トモニホールディングス傘下の銀行の所在地は、香川(香川)、大正(大阪)、徳島(徳島)

順位	銀行名	本社 本店 所在地	預金額(D) (百万円)	自己資本額 (E) (百万円)	自己資本率 (%)	評価
12	鳥取銀行	鳥取県	898,459	51,029	5.37	B
13	島根銀行	島根県	364,285	19,712	5.13	B
			九州・沖縄地方			
1	ふくおか　FG (福岡・親和・熊本)	福岡県	13,511,784	760,240	5.33	B
2	山口　FG (山口・もみじ・北九州)	山口県	8,584,077	659,650	7.14	B
3	九州　FG (鹿児島・肥後)	鹿児島県	8,031,542	642,354	7.41	B
4	西日本　FH (西日本シティ・長崎)	福岡県	7,892,018	530,899	6.30	B
5	大分銀行	大分県	2,718,362	205,474	7.03	B
6	十八銀行	長崎県	2,518,191	166,550	6.20	B
7	宮崎銀行	宮崎県	2,276,956	150,082	6.18	B
8	佐賀銀行	佐賀県	2,166,588	125,754	5.49	B
9	琉球銀行	沖縄県	2,064,418	115,472	5.30	B
10	沖縄銀行	沖縄県	1,924,744	154,270	7.42	B
11	西京銀行	山口県	1,371,808	67,319	4.68	C
12	南日本銀行	鹿児島県	749,522	44,375	5.59	B
13	筑邦銀行	福岡県	692,668	42,537	5.79	B
14	宮崎太陽銀行	宮崎県	633,381	49,599	7.26	B
15	沖縄海邦銀行	沖縄県	629,393	43,296	6.44	B

※各グループ傘下の銀行の所在地は、福岡(福岡)、親和(長崎)、熊本(熊本)、山口(山口)、もみじ(広島)、北九州(福岡)、鹿児島(鹿児島)、肥後(熊本)、西日本シティ(福岡)、長崎(長崎)

順位	銀行名	本社本店所在地	預金額（D）（百万円）	自己資本額（E）（百万円）	自己資本率（%）	評価
16	豊和銀行	大分県	528,779	30,881	5.52	B
17	福岡中央銀行	福岡県	475,586	29,279	5.80	B
18	佐賀共栄銀行	佐賀県	233,449	15,249	6.13	B

図表2-4　地域別信用金庫預金額・実力度ランキング

順位	銀行名	本社本店所在地	預金額(D)(百万円)	自己資本比率(%)	評価
		北海道地方			
1	北海道信金(札幌+小樽+北海)	北海道	1,054,032	※n/a	-
2	旭川信用金庫	北海道	805,593	22.59	A
3	帯広信用金庫	北海道	682,507	19.63	B
4	北見信用金庫	北海道	470,973	24.41	A
5	稚内信用金庫	北海道	417,540	57.32	A
6	苫小牧信用金庫	北海道	396,899	25.89	A
7	室蘭信用金庫	北海道	337,659	23.04	A
8	大地みらい信用金庫	北海道	329,093	26.09	A
9	遠軽信用金庫	北海道	303,325	21.26	B
10	空知信用金庫	北海道	297,484	19.19	B
11	網走信用金庫	北海道	275,430	32.25	A
12	道南うみ街信用金庫(江差+函館)	北海道	270,018	18.52	B
13	北星信用金庫	北海道	256,241	15.15	B
14	北門信用金庫	北海道	254,611	17.27	B
15	釧路信用金庫	北海道	215,179	13.96	B
16	留萌信用金庫	北海道	200,273	15.23	B
17	渡島信用金庫	北海道	160,813	9.47	B
18	伊達信用金庫	北海道	157,610	16.88	B
19	日高信用金庫	北海道	115,396	26.54	A
20	北空知信用金庫	北海道	112,889	10.38	B
		東北地方			
1	青い森信用金庫	青森県	604,343	12.76	B

※n/a=not available、データなし。合併のため、金融庁ウェブサイトにデータの記載がない信用金庫

順位	銀行名	本社本店所在地	預金額(D)(百万円)	自己資本比率(%)	評価
2	杜の都信用金庫	宮城県	450,500	8.35	C
3	福島信用金庫	福島県	377,753	12.31	B
4	あぶくま信用金庫	福島県	281,278	31.91	A
5	ひまわり信用金庫	福島県	238,045	10.61	B
6	盛岡信用金庫	岩手県	235,540	11.96	B
7	石巻信用金庫	宮城県	222,607	31.37	A
8	白河信用金庫	福島県	221,516	21.1	B
9	須賀川信用金庫	福島県	209,525	11.64	B
10	一関信用金庫	岩手県	206,653	12.8	B
11	郡山信用金庫	福島県	202,333	17.18	B
12	会津信用金庫	福島県	190,447	18.39	B
13	鶴岡信用金庫	山形県	182,206	28.4	A
14	仙南信用金庫	宮城県	175,418	11.17	B
15	東奥信用金庫	青森県	160,331	15.26	B
16	気仙沼信用金庫	宮城県	149,755	36.4	A
17	二本松信用金庫	福島県	133,922	13	B
18	羽後信用金庫	秋田県	133,857	16.89	B
19	秋田信用金庫	秋田県	126,839	12.56	B
20	宮城第一信用金庫	宮城県	126,286	9.12	B
21	米沢信用金庫	山形県	123,006	16.61	B
22	山形信用金庫	山形県	121,429	9.78	B
23	水沢信用金庫	岩手県	120,723	14.33	B
関東地方					
1	城南信用金庫	東京都	3,573,071	10.07	B
2	多摩信用金庫	東京都	2,644,221	8.37	C

順位	銀行名	本社本店所在地	預金額(D)(百万円)	自己資本比率(%)	評価
3	埼玉縣信用金庫	埼玉県	2,641,680	8.99	C
4	城北信用金庫	東京都	2,416,138	8.12	C
5	川崎信用金庫	神奈川県	1,900,368	14.24	B
6	東京東信用金庫	東京都	1,785,228	11.42	B
7	巣鴨信用金庫	東京都	1,758,492	10.76	B
8	西武信用金庫	東京都	1,749,021	9.2	B
9	朝日信用金庫	東京都	1,741,546	9.2	B
10	横浜信用金庫	神奈川県	1,716,062	10.4	B
11	さわやか信用金庫	東京都	1,469,254	7.84	C
12	飯能信用金庫	埼玉県	1,219,156	13.3	B
13	水戸信用金庫	茨城県	1,115,061	8.1	C
14	芝信用金庫	東京都	1,100,591	11.89	B
15	湘南信用金庫	神奈川県	1,086,731	5.27	C
16	千葉信用金庫	千葉県	1,031,013	8.15	C
17	かながわ信用金庫	神奈川県	1,021,078	7.74	C
18	しののめ信用金庫	群馬県	953,510	7.51	C
19	東京信用金庫	東京都	874,721	8.39	C
20	川口信用金庫	埼玉県	820,173	11.18	B
21	青梅信用金庫	東京都	749,133	10.05	B
22	青木信用金庫	埼玉県	722,990	7.42	C
23	さがみ信用金庫	神奈川県	695,069	10.63	B
24	東京シティ信用金庫	東京都	673,577	8.59	C
25	瀧野川信用金庫	東京都	646,261	10.21	B
26	西京信用金庫	東京都	626,847	9.51	B
27	亀有信用金庫	東京都	524,973	18.38	B

順位	銀行名	本社本店所在地	預金額(D)(百万円)	自己資本比率(%)	評価
28	東京ベイ信用金庫	千葉県	501,414	9.88	B
29	足立成和信用金庫	東京都	488,396	9.51	B
30	桐生信用金庫	群馬県	486,025	10.75	B
31	銚子信用金庫	千葉県	485,986	12.69	B
32	平塚信用金庫	神奈川県	477,002	10.92	B
33	高崎信用金庫	群馬県	465,897	10.17	B
34	中栄信用金庫	神奈川県	413,708	21.33	B
35	昭和信用金庫	東京都	405,791	9.94	B
36	結城信用金庫	茨城県	353,799	12.55	B
37	興産信用金庫	東京都	333,289	8.84	C
38	足利小山信用金庫	栃木県	292,025	9.41	B
39	中南信用金庫	神奈川県	287,718	15.58	B
40	アイオー信用金庫	群馬県	284,779	9.3	B
41	栃木信用金庫	栃木県	267,452	6.55	C
42	世田谷信用金庫	東京都	203,600	8.33	C
43	鹿沼相互信用金庫	栃木県	202,834	7.07	C
44	佐原信用金庫	千葉県	200,120	12.74	B
45	烏山信用金庫	栃木県	178,878	10.5	B
46	利根郡信用金庫	群馬県	168,866	10.59	B
47	目黒信用金庫	東京都	163,194	10.34	B
48	東京三協信用金庫	東京都	153,786	8.93	C
49	館山信用金庫	千葉県	152,562	16.14	B
50	小松川信用金庫	東京都	136,121	10.92	B
51	北群馬信用金庫	群馬県	135,805	11.57	B
52	東榮信用金庫	東京都	127,610	11.98	B

順位	銀行名	本社本店所在地	預金額(D)(百万円)	自己資本比率(%)	評価
53	館林信用金庫	群馬県	124,542	11.32	B
54	大田原信用金庫	栃木県	110,762	11.32	B
55	佐野信用金庫	栃木県	106,940	10.44	B
		中部地方			
1	岡崎信用金庫	愛知県	2,910,563	12.81	B
2	浜松磐田信用金庫(浜松+磐田)	静岡県	2,298,464	n/a	-
3	岐阜信用金庫	岐阜県	2,281,807	9.31	B
4	瀬戸信用金庫	愛知県	2,089,674	14.64	B
5	碧海信用金庫	愛知県	1,967,507	16.98	B
6	豊田信用金庫	愛知県	1,435,555	13.45	B
7	静岡焼津信用金庫(静岡+焼津)	静岡県	1,432,182	n/a	-
8	蒲郡信用金庫	愛知県	1,199,044	14.82	B
9	西尾信用金庫	愛知県	1,132,899	20.11	B
10	東濃信用金庫	岐阜県	1,064,251	16.74	B
11	いちい信用金庫	愛知県	1,016,406	11.21	B
12	島田掛川信用金庫(島田+掛川)	静岡県	866,749	n/a	-
13	豊橋信用金庫	愛知県	852,480	15.98	B
14	三島信用金庫	静岡県	840,417	22.53	A
15	福井信用金庫	福井県	787,184	15.68	B
16	長野信用金庫	長野県	763,526	24.85	A
17	豊川信用金庫	愛知県	753,356	10.3	B
18	大垣西濃信用金庫	岐阜県	737,527	14.01	B
19	桑名三重信用金庫(桑名+三重)	三重県	724,269	n/a	-

順位	銀行名	本社本店所在地	預金額(D)(百万円)	自己資本比率(%)	評価
20	知多信用金庫	愛知県	723,635	11.4	B
21	静清信用金庫	静岡県	707,219	18.23	B
22	飯田信用金庫	長野県	522,867	17.48	B
23	沼津信用金庫	静岡県	497,290	16.08	B
24	金沢信用金庫	石川県	494,332	10.21	B
25	尾西信用金庫	愛知県	432,052	9.35	B
26	遠州信用金庫	静岡県	425,161	13.68	B
27	山梨信用金庫	山梨県	421,482	10.56	B
28	北伊勢上野信用金庫	三重県	420,130	8.38	C
29	甲府信用金庫	山梨県	417,673	14.98	B
30	富山信用金庫	富山県	391,763	17.59	B
31	松本信用金庫	長野県	390,469	16.55	B
32	三条信用金庫	新潟県	373,879	18.2	B
33	高岡信用金庫	富山県	370,436	14.27	B
34	諏訪信用金庫	長野県	361,251	22.15	A
35	富士信用金庫	静岡県	327,010	15.71	B
36	アルプス中央信用金庫	長野県	312,571	11.13	B
37	のと共栄信用金庫	石川県	309,354	13.66	B
38	富士宮信用金庫	静岡県	308,367	27.93	A
39	半田信用金庫	愛知県	301,984	10.12	B
40	中日信用金庫	愛知県	294,859	10.93	B
41	新潟信用金庫	新潟県	289,733	16.7	B
42	東春信用金庫	愛知県	288,550	9.58	B
43	愛知信用金庫	愛知県	245,080	14.85	B
44	上田信用金庫	長野県	244,726	17.01	B

順位	銀行名	本社本店所在地	預金額(D)(百万円)	自己資本比率(%)	評価
45	興能信用金庫	石川県	241,563	17.13	B
46	高山信用金庫	岐阜県	239,236	9.72	B
47	関信用金庫	岐阜県	235,909	14.78	B
48	上越信用金庫	新潟県	209,403	15.72	B
49	長岡信用金庫	新潟県	202,116	15.11	B
50	にいかわ信用金庫	富山県	170,948	9.14	B
51	北陸信用金庫	石川県	169,628	7.06	C
52	越前信用金庫	福井県	157,207	23.22	A
53	敦賀信用金庫	福井県	126,408	12.51	B
54	鶴来信用金庫	石川県	120,006	8.41	C
55	津信用金庫	三重県	112,961	29.03	A
56	八幡信用金庫	岐阜県	110,310	38.58	A
57	新井信用金庫	新潟県	103,729	15.93	B
近畿地方(三重県を除く)					
1	京都中央信用金庫	京都府	4,480,425	10.91	B
2	尼崎信用金庫	兵庫県	2,511,319	17.18	B
3	大阪信用金庫	大阪府	2,506,647	8.73	C
4	大阪シティ信用金庫	大阪府	2,431,559	9.16	B
5	京都信用金庫	京都府	2,391,622	8.55	C
6	北おおさか信用金庫	大阪府	1,288,539	10.71	B
7	播州信用金庫	兵庫県	1,116,247	8.8	C
8	大阪厚生信用金庫	大阪府	1,042,238	9.34	B
9	きのくに信用金庫	和歌山県	1,032,612	17.9	B
10	姫路信用金庫	兵庫県	837,252	8.24	B
11	京都北都信用金庫	京都府	745,493	10.47	B

順位	銀行名	本社本店所在地	預金額(D)(百万円)	自己資本比率(%)	評価
12	日新信用金庫	兵庫県	701,049	10.7	B
13	但陽信用金庫	兵庫県	695,485	18.24	B
14	兵庫信用金庫	兵庫県	665,271	9.58	B
15	大和信用金庫	奈良県	587,526	11.56	B
16	淡路信用金庫	兵庫県	555,238	20.98	B
17	永和信用金庫	大阪府	527,071	10.45	B
18	中兵庫信用金庫	兵庫県	521,162	25.03	A
19	大阪商工信用金庫	大阪府	511,128	8.7	C
20	奈良中央信用金庫	奈良県	466,250	17.43	B
21	西兵庫信用金庫	兵庫県	440,724	18.73	B
22	神戸信用金庫	兵庫県	440,529	12.81	B
23	但馬信用金庫	兵庫県	435,955	25.4	A
24	滋賀中央信用金庫	滋賀県	415,554	10.71	B
25	枚方信用金庫	大阪府	357,890	11.35	B
26	奈良信用金庫	奈良県	332,077	9.88	B
27	長浜信用金庫	滋賀県	281,679	21.37	B
28	湖東信用金庫	滋賀県	200,097	15.34	B
29	新宮信用金庫	和歌山県	102,710	24.24	A
中国・四国地方(山口県を除く)					
1	広島信用金庫	広島県	1,336,390	11.92	B
2	高知信用金庫	高知県	714,629	46.51	A
3	呉信用金庫	広島県	683,977	12.8	B
4	愛媛信用金庫	愛媛県	610,971	21.62	B
5	おかやま信用金庫	岡山県	485,009	10.55	B
6	高松信用金庫	香川県	403,152	10.09	B

順位	銀行名	本社本店所在地	預金額（D）（百万円）	自己資本比率（%）	評価
7	玉島信用金庫	岡山県	364,040	11.75	B
8	しまなみ信用金庫	広島県	343,889	10.09	B
9	観音寺信用金庫	香川県	281,480	25.25	A
10	水島信用金庫	岡山県	220,927	10.34	B
11	徳島信用金庫	徳島県	201,676	8.89	C
12	米子信用金庫	鳥取県	189,090	8.95	C
13	島根中央信用金庫	島根県	185,986	9.71	B
14	鳥取信用金庫	鳥取県	172,841	7.59	C
15	吉備信用金庫	岡山県	159,710	13.79	B
16	幡多信用金庫	高知県	143,825	21.58	B
17	津山信用金庫	岡山県	140,898	10.14	B
18	備前信用金庫	岡山県	126,685	13.68	B
19	備北信用金庫	岡山県	110,133	18	B
20	宇和島信用金庫	愛媛県	106,584	10.37	B
21	東予信用金庫	愛媛県	102,593	13.67	B
22	日生信用金庫	岡山県	100,082	10.07	B
九州地方					
1	福岡ひびき信用金庫	福岡県	651,139	12.83	B
2	西中国信用金庫	山口県	547,635	9.63	B
3	鹿児島相互信用金庫	鹿児島県	547,603	7.27	C
4	大分みらい信用金庫	大分県	374,301	13.88	B
5	鹿児島信用金庫	鹿児島県	308,584	8.42	B
6	熊本第一信用金庫	熊本県	269,505	8.73	C
7	高鍋信用金庫	宮崎県	234,915	13.74	B
8	飯塚信用金庫	福岡県	232,041	17.06	B

順位	銀行名	本社本店所在地	預金額(D)(百万円)	自己資本比率(%)	評価
9	大分信用金庫	大分県	210,961	23.28	A
10	東山口信用金庫	山口県	205,954	10.5	B
11	遠賀信用金庫	福岡県	204,906	14.17	B
12	萩山口信用金庫	山口県	198,689	12.48	B
13	大牟田柳川信用金庫	福岡県	180,610	15.46	B
14	熊本中央信用金庫	熊本県	179,083	8.74	C
15	熊本信用金庫	熊本県	159,924	9.8	B
16	筑後信用金庫	福岡県	149,218	18.43	B
17	宮崎都城信用金庫(宮崎+都城)	宮崎県	136,385	n/a	-
18	九州ひぜん信用金庫	佐賀県	131,867	9.78	B
19	天草信用金庫	熊本県	126,760	17.47	B
20	大川信用金庫	福岡県	124,600	17.67	B
21	佐賀信用金庫	佐賀県	116,585	12.28	B
22	福岡信用金庫	福岡県	116,178	8.97	C
23	たちばな信用金庫	長崎県	114,189	8.39	C
		沖縄地方			
1	コザ信用金庫	沖縄県	194,650	8.25	C

※ 預金量1000億円以下の信用金庫は記載しておりません

数字だけではない銀行の定性的見方

幾つかの数値を使って銀行や信金を津田流で評価してきたが、実はより重要なことがある。「質的な側面」のことだ。これには以下が含まれる。

・長期戦略（中期計画は長期とは言えない）
・トップの方向性、指導性（顔が見えるか、見えないか）
・行員の目（行員の表情と態度）
・情報開示への姿勢（ウェブサイトやディスクロージャーの在り方）　など

ひとつずつ解説する。因みに本書は銀行（信金）本だが銀行員や信金職員などへの言及が多い。これはトヨタなど製造会社を論じる際にトヨタ社員を抜きに語れないのと同様、経営の4要素（モノ、カネ、ヒト、情報）の中で最も重要な「人的」要素を語らずして、企業や組織の強み弱みを解き明かせないことによる。

(1) 長期戦略（中期計画は長期とは言えない）

銀行経営は一般企業の1周2周遅れで展開している。例えば、中期計画だが今や製造業でこれをまともに（つまり、本気で）実現させようと立案しているところは殆どない。外部に経営の一端を見せるために渋々作っているにすぎない。その点で、短期計画のＰＤＣＡに似ている。ＰＤＣＡとは、立案（Ｐｌａｎ）、実行（Ｄｏ）、評価（Ｃｈｅｃｋ）、改善（Ａｃｔ）の４段階で計画達成を図るという、私に言わせれば一種の宗教だ。計画達成よりも皆がプロセスに参加している高揚感が、より重要な役割を果たしている。

銀行以外の企業が熱意を失っている状況で、中期計画を熱心に作っている銀行や信金が多いが、殆ど意味がない。時代の流れが速すぎて、３年先のことを論じても計画達成が困難なばかりか、様々な予測がことごとく外れる可能性が高いからだ。故にまともな銀行ならもう達成したい業績（数字）も目標（質的表現）も「中期計画」という「お経」には盛り込まない。やるとしても大雑把にしか語らないはずだ。投資家のためというなら、計画達成ができない場合経営陣が総退陣しなければならない。それをしないのなら意味がない。

私のいう「長期」計画はトップの経営に対するビジョンそのものである。数字はあってもよいが、より大事なことは「将来の銀行（信金）像」を誰にも判るように示すことだ。無理だというならそもそもトップでいる資格がない。誰かに代わってもらうべきだ。そのビジョンは細かいものでなくてもよいが、抽象的ではダメだ。

例えば、「真にお客様のお役に立つ金融サービスを提供する」と言うのなら、何が今まで不芳だったのか、それを具体的にどう改善するつもりなのか明らかにする必要がある。

例えば、こんな感じで。

「従来の当行（当金庫）は、担保主義の悪弊に染まっており、人を見て貸すという銀行（信金）本来の姿から外れていました。そしてありきたりの財務分析を行い、多くの可能性のある企業や個人に貸すことができずにいました。これからは人を見て貸すことのできる行員（金庫職員）の育成と人工知能を使って人間では測れない可能性も吟味して、融資量を伸ばすことを心がけます。更に手数料欲しさに必要もない生命保険や投資信託を押し売りの如く売っていた体制を改め、今後はお客様からどうしてもと言われない限り、本来の銀行商品ではない生命保険や投資信託に加えて怪しげな金融派生商品（デリバティブズ）は売らないことに致します」

これが多くの銀行信金実態だが、正直に認め、改める姿勢を示すことができればもうそれだけで頭取、理事長合格と言えるほどだ。

(2) トップの方向性、指導性（顔が見えるか、見えないか）

前項に繋がることだが、ビジョンがハッキリしたら（しない場合は、辞めるのがよい）、経営者が次に行うべきことはそれを内外に周知することだ。多くの銀行、信金ではトップの信念が明確でないため、下の者が忖度《そんたく》してロクでもない経営方針を捏造する。そんな御託よりも簡単でもいい、顧客と社会、行員（職員）と株主が共感するようなメッセージを作ればよい。例えば、「今後はコンプライアンスとか訳の判らないことは言わず、白は白、黒は黒と判断し、灰色の部分を極力減らします。自分がされて嫌なことはすべてパワハラ、セクハラとみなし、根絶の努力をします。すぐには無理でしょうが」など。

私は常々、トップの顔が見えない企業はダメだと力説しているが、これは銀行や信金により強く当てはまる。一般企業と違い、製品やサービスで差別化が難しい金融業では人が殆どすべてだ。つまり、経営者が自らの言葉で語る姿勢を見せないところは企業や組織として3流、4流であり、早々と退場すべきだからだ。しかし、人が変わると組織も変わる。ダメなトップが辞めるだけで、組織が活性化することは多くの事例が証明している。

顔が見えるというのはウェブサイトに顔写真を出すことだけではない。実は多くの銀行や信金がこれを行っていない。理事長の名前さえ記さずに「トップからのメッセージ」と出しているのには驚くばかりだ。これではうちのトップは愚鈍ですから、恥ずかしくて名前も出せないのですと言っているのに等しい。

部下の作った作文をそのまま載せず、拙くても自分の言葉で書けばよいのだ。あまりに拙劣だと思えば、その部分は文章が上手で「誠実な」部下に任せればよい。悪賢いのに頼むとバカ丸出しをわざと隠さず書く（書き直す）ことがあるので要注意。

(3) 行員の目（行員の表情と態度）

目が死んでいる、という言葉は意欲や活力が感じられない人に向ける言葉だが、これが行員や信金職員に向かって放たれると怖い。溌溂としている銀行や信金の職員を見ると「頑張っているな」という気持ちになるが、ノルマで苦しんでいる様子がありありと見える行員や信金職員が訪ねてくると、こちらの気分も落ち込む。店頭でも同じことだ。

人の目は正直だ。いくら糊塗しても行員や職員の目に活力がないのは外部にそして内部にもすぐに見抜かれてしまう。行員にそんな表情をさせてしまうのは経営者の責任である。

本人に問題があるケースは少ない。それでも「トップは悪くない、行員がダメだ」と言うなら、そもそも採用を誤ったのではないか。それは究極的にはトップの責任だ。

現場を抜き打ちで視察しない経営陣は多い。部下を委縮させてはならないとの配慮だと言うが、本音はただ面倒くさい、不都合を発見したら後始末がややこしいと考えているだけではないか。かつて中内功という人がいた。彼はダイエーが大企業になっても抜き打ちの店舗視察を行っていたという。そして、15分ほどの視察で40を超える問題点を指摘したとも。これを真似ろとは言わないが、経営陣が自分の目で現場の部下を見ることは大事だ。彼らの目が死んでいたら経営方針に疑いを抱くべきなのだ。下の者は弱い。トップに直言できずに日々、疲弊しているだけなのだ。これに気づかないトップと中間管理職（ＡＩ導入で一番不要となるのは間違いない！）には「適任にあらず」と言いたい。

(4) 情報開示への姿勢（ウェブサイトやディスクロージャーの在り方）など

これまた前記とリンクするが、どうせ実現できない夢のような数字や放っておいても達成できる目標などの記載はやめて、意味のある数字に変えるべきだ。そして、「やってやった」感の強い、顧客支援の事例やビジネスマッチングを見せるのも無意味だ。「川は深く流れる」（川の表面は穏やかでも底面では激しく流れている）という英語のことわざがあるが、本当に「お客様」のためにやっているのなら、浅薄な宣伝は不要のはずだ。

またビジネスマッチング件数などを提示するのも愚かだ。件数など適当に稼げる。重要なのはそれがどのような効果を生んだかだ。昨今地銀が大好きな海外や大都市での商談会にも疑問を感じる。担当行員が銀行の経費で旅行をするためだけに企画しているのかと思うほど空疎な内容だ。参加者に聞いてみても「この会のおかげで新たな商売ができました」という回答は殆どない。本音は「まあ取引先に言われて高い参加料を払って来てみましたが、パンフレットや試供品を持ってゆくばかりで商売にはなりませんでした」であろう。

真に大事な情報開示は「不祥事実例とその対策」や「お客様からのクレーム事例とそれへの対応」などだろう。誰が悪いニュースを載せるか、と銀行や信金は反論してくるだろうが、これが現在のディスクロージャーのあるべき姿だ。採用に関しても自行や自社について良いことしか言わないと信用されないのと同様、悪いことを勇気を持って語る度量がないと進歩もない。これを空論だという広報担当者は即クビに値する。

Column B

2018年か2019年が地銀のターニングポイント

今から10年後に残っている地域金融機関の経営陣が、「ここまで遡れば違った未来があったろう」と悔やむ時期があるとすれば、今年（2018年）ではないかという気がする。あるいは来年（2019年）かもしれない。正直、今の地銀再編ペースでは5年後の2023年までに地銀、第二地銀100行余りが整理されて20から30のグループになることはないような気がする。となると2028年（10年後）にはまだ80ほどの地銀、第二地銀が残っておりその殆どが赤字、もしくは外資に買収されて、邦銀と呼べるところが10行に満たないということになっているかもしれない。それにしても後述の3Q（第3四半期）の決算を見てもかなり状況は悪い。

あるいは想像もしたくないが、盛んに統合、合併を行っていれば30ほどの健全なグループが残ったのに、それを怠ったために数行が倒産し（久しぶりのペイオフや戦後初めての免許剥奪が起こる？）、残った銀行群も信用不安に煽られて自発的免許返上や銀行以外の事業会社の傘下に入って生き延びるというような未来が待っているかもしれない。

その時に2018年、19年に思い切って統合、合併していればと悔やんでも遅い。どう楽観的に考えても銀行の収益がこれから数年で劇的に改善することは考えられない。となると銀行のリストラ（行員の大量解雇）と危険な貸し出し（不動産融資への逆行もそのひとつ）の増加が同時に起こり、信用リスク管理が疎かになる間に貸倒れが続き、公的資金も底をついて外部（海外投資家、銀行、事業会社もしくは国内の事業グループなど）からの援助に頼らなければならなくなっている可能性が高い。

トヨタ銀行、パナソニック銀行の誕生はまだよいとして、シャープ、東芝といった名門企業が外資になる、倒産寸前まで行くといった事態が、銀行界でも生起することも勘案しなければならない。収益率の低い銀行には誰も興味を示さないと言われるが、採算を度外視して投資をする（つまり、収益とは別の意図で株式支配をする）人や組織がゼロという訳ではない。

北海道などの過疎地では知らぬままに広大な土地が外国人所有になってしまい、貴重な水源が国や自治体の思うに任せない状況下にあるということが実際に起こっている。これが銀行界、特に地銀の世界で起こらない保証はない。それは極端としても「円」資金にはまだ魅力がある。例えば、途上国の銀行が日本で集めた預金を自国あるいは周辺の融資に向けようと思い、それを両国の当局が許可すれば実現性は高い。地方で集めた預金が海外で融資されるのは地球規模では悪い話ではないが、これがまかり間違って焦げ付くと日本国の富が減る。

どう考えてもこの1、2年で本格的な地銀合併が起こらないと金融界は赤字銀行で溢れてしまうことになりそうだ。マイナス金利は銀行淘汰のために財務省と金融庁がタッグを組んでいる(担当大臣は同じだ)と思える節もあり、お上は守ってくれると誤った期待を持ち続けていると見せしめのために2、3行は本当に倒産に追い込まれるかもしれない。

傍から見ていても当局の苛立ちが伝わってくる昨今、地銀、第二地銀の経営者は相当な覚悟で業界再編に臨む必要がある。

第3章　邦銀受難時代

本章は本年初めに夕刊フジで短期連載した「銀行受難時代」のオリジナル原稿に追補したものである。メガバンク、地銀、信金などが現在抱える問題を網羅している。

本分を忘れた銀行

2017年の年の瀬を幾つかの銀行ニュースが飾った。まず公正取引委員会による銀行合併統合に関する「考え方」の公表と、それに続く新潟県での地銀2行（第四銀行と北越銀行）の統合承認だ。続いて、メガバンクの大幅人員削減、3番目は仮想通貨（ビットコインなど）の価格高騰後の急落である。

順番が逆になるが、最後の仮想通貨から。先日、任期満了で退任したジャネット・イエレン米国連邦準備制度理事会議長も言っていたが、「投機性の高い」商品という考え方に私も賛成だ。到底、基軸通貨の米ドルや欧州ユーロの代わりになる代物ではない。仮想通貨を求める人もかつてのチューリップの球根やサブプライムローンを仕込んだ金融商品と同じ、短期で転売して稼ぐことを目的としていると思われるので、本書では論じない。

2番目のメガバンク3行の人員削減については、みずほのように全国で400といった規模で店舗閉鎖も考慮中ということなので、単なる人減らしに留まらず、銀行というビジネスモデルそのものを揺り動かすことだろう。その点で、後述する知人の経験談は意味深だ。

最初の点、ふたつの地銀統合の決定(もうひとつは、三重県の三重銀行と第三銀行)は今年2018年の更なる地銀統合を予感させる。これについては103ページから論ずる。

これらが示唆しているところは銀行などの金融機関の数が減るだけでなく、その役割が大きく減じ、ついには看板を下ろすという未来だ。金融機能は今後もなくならないだろうが、それを銀行が主体となって行う時代は終わりつつある。仮想通貨「狂騒」もそのひとつの現れだ。銀行が本来の主力商品であるローン(法人、個人ともに)を売ることに興味をなくし、目先で手数料の稼げる生命保険や投資信託を懸命にセールスしていることに日頃から苦々しい思いを抱いているが、なぜか今になって総量規制(年収の3倍までしかサラ金は貸せない)を銀行にも適用しようとする動きが出てきて、銀行の融資商品が益々先細りになっている。

知人の経験談はこの銀行ローンに関するものだが、新規のカードローンの申込みはネットでしか受け付けないと言われ、四苦八苦してパソコン経由で申込みを完了すると、今度は審査を進めるうえで大量のスパム（クッキーとも）を受け入れよと言われた、と。実際にはスパムを許容せよと銀行が明言した訳ではなかったが、インターネットのセキュリティを大幅に低下させないと銀行のウェブサイトを見ることができなかったようなので、同じことだ。この銀行がほかのどんな個人情報を知人から取ろうとしたのかは不明だが、「ネットでしか申込みはできません！」（実際には書面でもできる）と当該銀行の行員何人もから言われた時にこの銀行は昭和の役所かと思ったと苦笑いしながら教えてくれた。

メガバンクの真の悩みとは

みずほの10年間で1・9万人の人員削減計画（メガバンク3行にほかの大手銀行分を含めると7万人程度か）に代表されるメガバンクのスリム化には3つの要因がある。ひとつはAI（人工知能）が体現する機械（非人間）による人の代替可能性だ。ATMやネットでの銀行取引の普及などで有人店舗がどんどんなくなっているのがその証拠だ。また、かつては難しいと思われていた自動運用（銀行本体のものであれ、顧客のために行うそれであれ）が既に実用化されている。

ふたつ目は「対面」と「行員による」が基本であった銀行営業の中心が、電話（コールセンター）、ネット、ダイレクトメールなどに移り、しかも銀行員でない外部委託者が顧客に対応する時代となっていることだ。法人向けは個人と違い、対面が基本であるとの反論もあろうが、そもそも銀行員が顧客を訪れなくなっている昨今、これは言い訳にしか聞こえない。

そして3つ目が外部環境の変化だ。マイナス金利とバーゼル規制がこの変化の2大脅威と言える。マイナス金利については地域金融機関（地域銀行＋信金、信組のこと。以下、地金）だけの問題と理解されることが多いが、メガバンクも相当困っている。かつてのように余資をとりあえず日銀に預ける、国債購入に充てるという訳にいかなくなっているのだ。国際的な金融規制である、バーゼル規制も3段階目（以下、バーゼルⅢ）に入り、日本の銀行の対象行（三菱ＵＦＪ、三井住友、みずほ、野村）は日本国債が一応、安全な資産と見なされることが決まり（正確には自国の国債への投資なら、減額評価しなくてよい）、一安心しているようだが、ほかの資産評価が厳しくなるため、かつてのような政策投資株

（地銀株を含め）を持ちにくくなっている。ちなみに米銀はこうした政策投資株は殆ど保有していないので、影響を受けるのは日本と一部の欧州銀行のみだ。これが最近の地銀再編にも影響を与えていることは後述する。

さて人員削減でより高度なサービスを提供することになる（はずの）銀行本体はよいとして、減らされる行員や支店はどうなるだろう。みずほフィナンシャルグループは全国で約400店舗をなくすと発表したが、これには地方店も含まれる。旧母体行のひとつである日本勧業銀行が各県最低1店舗（北海道を除く）を保有していたことから、東京都以外の地方店数は多いが、これを即廃止することには顧客から相当な反発があるだろう。ならばどうするか。おそらく地銀、地金に店舗売却あるいは業務譲渡するだろう。同じことは三菱UFJ銀行も三井住友銀行も考えていることだろうから、地方からメガバンクの看板がなくなる（減る）未来はすぐそこにある。代わりにメガバンクはネットや通販でビジネスを維持するとともに、かつてあった「法人営業室」（法人専門のサテライトオフィス）や新設の「ウェルスマネジメント」センター（富裕層個人専門の簡易相談室）などで地方での商圏拡大を狙うと予想する。

数が減れば地銀は生き残れるのか

99ページで地銀再編について触れたが、2018年3月末現在、同一県に銀行が3つ以上あるのは、北から岩手県、山形県、福島県、千葉県、静岡県、愛知県、富山県、福岡県などがあり、同県連合あるいは近隣合併の話題が既に俎上《そじょう》にあると推測される。昨秋、3つの信用金庫の統合が発表された静岡県のように銀行だけでなく、協同組合組織である信金や信組の合併も今までより多く生起することだろう。その予想に入る前に地銀とメガバンクとの関係が今後、大きく変わる可能性を秘めた出来事を論じたい。バーゼル規制のことだ。

前節ではバーゼルⅢがメガバンクに地銀株の売却を急がせていると示唆したが、この事例として以下を挙げることができる。まず三菱UFJフィナンシャルグループによる東海地区の地銀株の売却2件だ。1件は2016年の三重県の百五銀行で、もう1件は2017年の愛知銀行でどちらも親密な銀行である。そして三井住友フィナンシャルグループによる関西アーバン銀行とみなと銀行の実質譲渡である。昨年設立された関西みらいフィナンシャルグループに三井住友フィナンシャルグループは少数株主として残るので完全売却ではないが、この2行はりそなホールディングスに入るため、三井住友フィナンシャルグループとの縁は薄くなる。三菱UFJフィナンシャルグループの場合は、名古屋の中京銀行の大株主に留まっており、他の地銀の株を5％以下とはいえ多数持っているので、地銀株の完全放出とまでは言えないが、それに向けた方向が変わることはないだろう。三井住友フィナンシャルグループは三菱UFJフィナンシャルグループほど多く地銀株を持っていないが、同様に位置付けられる。みずほフィナンシャルグループの動きはそれほど顕著ではなく、野村ホールディングスは逆に地銀株保有を増やしそうなので、メガバンクが一致して地銀と距離を置こうとしているのではないが、かつての親密度は望むべくもない。これが地銀や地金再編にどう影響するか。

ふたつ仮説がある。第一はメガバンクなどが地銀株を売り切り、資本関係をなくすと同時に商売上の協働も減らす、という考え方。第二は資本関係がなくなってもメガバンクなど大手が開発する商品やサービスを今まで以上に地金に売ることでむしろ営業上の結びつきが強まるというものだ。おそらく後者が正しかろうが、地銀によっては組むメリットなしと思われて、メガバンクなどから距離を置かれるところも出てくるだろう。いずれに転んでも親密先と甘えてきたメガバンクから自立、独立を図る必要が地金に生じるということだ。

自律性を高めるということは体力を強化しないとできないことだが、そのためには再編はほぼ不可避だ。単独で充分やってゆけると自他ともに認める地銀は少ない。そして、その優良地銀さえも「再編」の話題を避けなくなっている。

名前は記さないが彼らの狙いは強者連合だ。近隣の弱者救済には興味がなくても1＋1が3になるような統合合併には強い興味を抱いていると推測できる。そして強者に飲み込まれないために独自の動きをするところも出てこよう。例えば金融激戦地にあり、単独では埋没してしまいそうな地金などである。首都圏、中京（東海）圏、関西（瀬戸内）圏、九州北部圏などがそうだ。

さまよえる銀行員の行きつく先

100ページで、地方の店舗数は減ってもメガバンクは困らないが（逆に地銀が喜ぶ。なぜかと言うと、目先は競争相手がいなくなるからだ）、メガバンクの行員の処遇はどうなるか、と問題提起した。シニア行員を中心として「出向・転籍」の増員をメガバンクの経営陣は考えているようだが、これは難航するだろう。そもそも中小企業であってもかつて程、銀行からの出向者を喜んでいない。むしろ忌避する傾向が強い。理由は拙著『2025年の銀行員』などでも述べているが、付加価値が少ないからだ。受け入れ先企業が唸るほどの人材がまずいない。そして、仮にいたとしても扱いが大変難しいからだ。出向なら「弊社には合いません」と返すこともできるが、転籍となると自社の社員となってしまっているためクビにするのに労力がかかる。「できる」人材ほど始末に困る。

いきなり乗っ取りの可能性はないとしても弁が立ち、バックがある（と思われている）銀行からの転籍社員は経営のかく乱要因ともなる。彼らを上手に使える中小企業は大変少ない。なぜなら日本の99％を占める中小企業（社員500人未満がひとつの基準）は長年、「身内」重視でやってきたので、外部人材と折り合うのが苦手なのだ。これが判らずして出向転籍の推進はあり得ない。捨てられる行員はどうすべきか、これは後ほど論じたい。

ところで銀行業務には大きく3つの分野がある。個人、法人と市場部門だ。銀行によっては法人（中小企業）と個人（経営者）を同じ部署で担当しているところもある。市場はあまり顧客と接点を持たず、もっぱら自行のために運用を行う部門だ。厳密にはこの3つがそれぞれ細分化されている。ここでは個人と法人の違いを論じる。1980年代の銀行では両方を経験することができた。例えば支店で住宅ローンなどを取り扱った後、係替えで法人融資や外為に回るなど。現在では入行早々から仕分けされ、個人担当と法人専業、市場従事と決まると他部門に移ることは少ない。この結果、法人に金を貸すということを一度も経験しない銀行員が増えている。では何をしているかというと、店頭で投資信託や生命保険を売っているのだ。

こうした行員には出向先がより少ない。投資信託や生命保険の代理店に転職しても仕事の内容はあまり変わらないので、多くの行員は望まないだろう。歩合給の部分が多くなり、業績が悪いと給与が減るからだ。接客能力や対人関係力を生かして全く違う業種、例えば不動産業や小売会社の営業に移ることはできる。あるいは銀行よりも管理が緩い公務員や、学歴や元銀行員という経歴を重んじてくれるベンチャー、はたまた銀行で許されなかった創意工夫の余地がややありそうなサービス業などへの転職もよいかもしれない。銀行が行員の面倒を見てくれなくなった今、自分で次が探せないと将来が危うい。

弱る経営と劣化する人材をどうする

現役の行員には嫌なタイトルだろうが、現実だ。「捨てられる」銀行員の生き方と併せてまず行員の立て直し策から提案する。ひとつは「短期業務出向」だ。最近新卒採用にあたってインターン制度が定着してきたが、これは「お試し採用」にほかならない。2ヶ月いや1ヶ月でも使ってみれば人間の力量は大体判るものだ。これを応用して近未来に出向させようと考える行員を短期（通常は数ヶ月か）で企業なり自治体なりに出してみればよい。その間の給与は銀行持ちなので、受け入れてもよいという先があれば試さないのはもったいない。仮に「受け」が良ければそのまま長期出向（2年が目途）にしてもよいし、思い切って転籍させてもよい。これは他流試合で強くしたい、残すべき行員にも当てはまる。この場合、問題は、よき人材に去られてしまうことだが、このリスクには目をつぶらざるを得ないだろう。出される行員にとってもこのやり方は大いにメリットがある。何度も短期出向を繰り返しているうちに「終《つい》の住処《すみか》」が見つかるかもしれない（幾つかのヒントは拙著電子刊『銀行員は第二の人生で輝く』に詳しい）。

経営にとって残すべき人材、行員として残りたい人の選別には以下4点を挙げる。ひとつ目が「柔軟性」、マニュアル至上主義者はもう要らない。ふたつ目に「人間的魅力」、他人を惹き付ける人はリーダー以外にも役割がある。3つ目に「対話力」は、能弁や話し上手でなくても他人と話ができる(命令するだけでなく)人は貴重だ。最後は「戦略マインド」、指示待ちの人間を置いておく余裕が銀行にはもうないからだ。

支店長人材の重要性

それにしても銀行の現場と接していて感じることは、「支店長人材」の強化が急務ということだ。かつての名物支店長が姿を消したばかりか、銀行でも信金でも支店長とは名ばかりの腕が悪いセールスマンで溢れている。顧客ニーズには目もくれず、ひたすら手数料の稼げる投資信託や生命保険を売る。余裕のある企業なら無駄でも買ってくれるかもしれないが、大多数の中小企業にとっては(そして大企業でも)迷惑千万の話だ。融資の話ならまだ救われるが、銀行自体が融資に興味を失っている昨今、話題は投資商品だけだ。これには生命保険が含まれる。かつての変額保険を思い出すのは私だけだろうか。

支店長あるいは法人専門担当なら、営業部長の強化の最大のポイントは「人間力」だ。

これは簡単に養成できるものではないが、経験と知恵で高めることができる。もちろん適不適があるので、営業人材に向かない人に長く支店長や営業部長をやらせておくのは本人のみならず顧客のためにもならない。自行を嫌うお客を増やしては逆効果なので、それなりにできるが接客が苦手な人材は早々と営業の現場から外す必要がある。

手っ取り早く（多くの銀行はそう思っていないが）経験と知恵を増やす施策は、短期のサバティカル（欧米では7年ごとにもらえる1ヶ月から1年ほどの休暇）だ。「1ヶ月自由にしてよい、但し、仕事はするな、銀行に来るな」と命じて、支店長やその候補に世間を見せ、自分を振り返らせるのだ。そこで趣味のスポーツや音楽に打ち込む、さっさと登山や旅行に出かける、あるいはボランティアや町内会活動にいそしむようなら大いに見込みがある。1ヶ月の休暇中、仕事のことを考えないはずはないが、従来とは異なる見聞や視点が得られ、本人不在で滞る業務上のデメリットを上回る。

経営陣も本来これを実行すべきだが、不在中に居場所を取られる心配から誰も実行しようとしない。経営への提言のスペースがなくなったが、拙著『2025年の銀行員』に辛辣だが有益な問いかけがある。経営と行員が同時にかつ早急に変われれば、銀行には未来がある。

論じる価値なしのフィンテック

フィンテックと一口に言ってもそれを話題にする人ごとにイメージが違う。お財布携帯のようなお手軽決済から、人工知能を使った高度な金融サービスなどの提供まで様々だ。結論から言えば、私は存在価値のあるフィンテック、つまりハイテクと金融の融合形態はふたつしかないと思っている。ＡＩ（人工知能）とクラウドファンディングだ。

仮想通貨のようなキワモノは除いて考えている。キワモノと呼ぶのは仮想通貨にまつわる殆どの概念とそれを実行しようとしている企業・組織が偽物と見ているからだ。コインチェックなどの業者が行政処分されたのは記憶に新しい（２０１８年3月）。また仮想通貨のバックボーンとなるブロックチェーンからして怪しい。金融界の常識とされている信用創造（わずかの元手でしかないのに巨額の資金を生み出せる、貸せる仕組み）からして結構、キワモノと言えるが、それに輪をかけてブラックボックス化（中身が全く判らない）しているのに不安を抱く。真なるものは単純明快だと私は思っているが、ディリバティブズ以上に奇怪なアルゴリズムを内包しているようだ。

クラウドファンディングは本来、銀行が行うべきであった「人と事業プランを見て貸す」というのを銀行以外に委ね、投資や融資判断を直接の貸し手に任せていることが肝だ。確かにインターネットとAIを使えば、このプロセスがより簡易になる。それでも私は、クラウドファンディングは銀行や信金が独自に行う融資法として存在すべきだと考える。それさえも第三者に委ねるというのは金融の仲介者として存在意義がないからだ。

ということでこれ以上、フィンテック一般については論じない。仮想通貨で「儲け」たいと思われる方はそうした指南書を読まれるとよい。ただ、私個人としては99％が損をすると思う。例外の1％に入るためにはシステムを出し抜くような悪賢さが必要になろう。

ところで、この通称フィンテックと対極にあるとも言えるのが、法人営業の花形である「マーチャントバンキング」業務だ。米国式だと投資銀行業務と言う。要するに大量の金が必要となるプロジェクト（より広い意味での産業インフラ開発や企業買収などを指す）を企画、推進する仕事のことだが、銀行自らが取るリスクを極力少なくして手数料やディリバティブズ（外部からはブラックボックスになっていて価格形成が不明）で稼ぐのがひとつの大きな特徴だ。これは英国で始まり、米国で発展したビジネスモデルだが、日本のほか、アングロサクソン以外の国はまだ米英に追いつけていない。ただ、自他ともに認める本業務の老舗、ゴールドマン・サックスのトップ自身がフィンテックを評価するような発言をしている今日、マーチャントバンカーは歴史的遺物になってしまうかもしれない。

ビジネスマッチングの虚実

地銀などが当局に言われて力を入れているはずの「地域密着」や「ビジネスマッチング」の実態が少し明らかになった。以下は私のクライアント（顧客、複数）と地銀などの幹部との会話である。本引用は顧客から許可を得てある。

クライアントα（以下、クα）：ビジネス機会の増大を狙って、お客さんから「あっせん」や「顧客紹介」を頼まれることが昔はよくありましたが、最近は如何ですか？

某幹部（地銀A　以下、某A）：今でもありますが、銀行としてなかなか対応が難しいところです。

クα：なぜですか？

某A：実態は「不動産あっせん」だからです。遊休地の活用を願っている顧客がいれば、それを取引先の建設会社に紹介する。これがビジネスマッチングの主たるものです。

クα：地方でも都会でも先祖返りしていると批判のある、不動産担保ローンやアパートローンの類ですか？

某A：ハッキリ言ってしまえば身も蓋もありませんが、その通りです。

クα：ローン残高増のみならず、手数料収入も期待できますね。

某A：まあ、不動産仲介手数料をもらうのは、子会社（不動産仲介専業）ですが、グループとしては潤いますね。

クα：小さな商売をつける、例えば中堅企業が文房具を買う時に大手（アスクルなど）ではなく、地元の文房具屋さんを紹介して、使ってもらうというような「あっせん」はしないのですか？

某A：できればよいのですが、ロット（ビジネスの量）が小さいとなかなかそこまで手が回らなくて（やや申し訳なさそう）。

別のクライアントβが別の地域金融機関、信金Bとした会話も紹介する。

クライアントβ（以下、クβ）：ビジネスマッチングの現状について伺いたいのですが。というのも私たちも含めて、少しでも売り上げを増やそうと「地域密着」を標榜している地域金融機関（地銀、第二地銀、信金、信組など）に期待しているところが多いので。

某支店長（信金B　以下、某B）：うーん、言うほど簡単じゃないですよ。

クβ：というと？

某B：支店の中だけの紹介は実はやっていないのです。

クβ：本部から指示がないとやらないということですか？

某B：その通りです。支店では投資信託や生命保険の売り上げノルマがあって、（小さな）個別の紹介まで手が回らないんです。

クβ：その本部からはよく「どこそこからの提案を支店の顧客に知らせろ」と指示がくるのですか？

某B：あまり来ません。全体としてビジネスマッチングはあまりやっていないということになりますね。

クβ：では、地域密着もそれほどできていないと？

某Ｂ：そうですね。我々も努力はしているんですが……。

クβ：ではローンはどうですか？　カードローンなどは保証会社任せのようですが、法人ローンは独自の基準で、大手が貸さない先にでも融資するということはないのですか？

某Ｂ：これもなかなか自由にいかなくて。人を見て貸すというのが地域金融機関の使命ではあるんですが、実態は3年分の財務諸表を並べて審査し、確実な先に融資するという状況です。

クβ：それなら貸せる先もあまりないですね。多くの中小零細企業が赤字ですから。

某Ｂ：そうなんです。

クβ：それなら投信や生保の代理店ビジネスのほうが儲かるし、支店の業績も上がるということですか？

某Ｂ：残念ながら実態はそうです（恐縮した様子はなかったらしい）。

ビジネスマッチングに限らず、地域密着していれば大手銀行が貸さない、貸せないという先に対しても「貸せる」理由を見つけて融資できるはずだという論理は完全に破綻している。マッチングの正体が不動産仲介で、小さなビジネスの紹介には興味がない。個人向けローンは住宅ローンも含めて、保証会社任せ。法人向けもおざなりの（というか否決するだけなら誰でもできる）審査をしている。こんな金融機関に存在・存続意義があるのだろうか。すべて銀行や信金、信組以外でもできることだ。不動産仲介業者、保険や投信販売の代理店、信用保証会社に消費者金融と中小企業専業ローン会社などなど。

私もこれからは顧客に銀行や信金、信組ではなく、クラウドファンディング（銀行などを介さず、貸し手と借り手が直接ネットなどで結び付く仕組み）を勧めるべきなのかもしれない。

第4章　銀行業界の5つの困難、地方とキャッシュ問題

本章では（繰り返しにはなるが）銀行業界が抱える幾つかの問題点を再考し、特に近年、関心が高まっている地方金融とキャッシュの問題を取り上げる。

5つの困難を見つめ直す

何度も書いているテーマだがおさらいの意味で以下、5点を指摘する。実は困難＝問題はこれに留まらないが、判りやすくまとめてみた。

・預金を集めても貸出先や運用先がない
・顧客ニーズよりも目先の手数料につられる
・新たなビジネスモデルが構築できない
・経営が停滞している、変革意欲と実力がない
・判りもしないフィンテックに頼る

それぞれに解説する。

1　預金を集めても貸出先や運用先がない

長らく続いたゼロ金利が２０１６年からマイナス金利となり、銀行にとって預金を集めるコストはほぼゼロ（人件費は除く）となったが、融資や運用を行わないことには収益が稼げない。その源泉である貸出額が第2章で先述したデータで判るように、大きく減少している。銀行の立場からすれば「融資先を厳しく選別しすぎて（それも当局の指導の下に）、貸し出す先がなくなった」と言いたいのだろうが、私は賛同しない。羹《あつもの》に懲りて膾《なます》を吹くという面も確かにあるのだろうが、基本は銀行の**融資能力が大きく減退**したことが原因だと見ている。

１９６０年代、融資の基本は「人を見て貸す」ことだと言われていた。私が邦銀に入行した１９８０年代前半でもこの格言は生きていた。それが怪しくなり、担保（主に土地、建物などの不動産）があれば、人物に疑念があっても決算が悪くてもどんどん貸すとなったのがバブル崩壊前の80年代後半だった。

バブルが崩壊し、住専問題と言われる住宅金融会社の相次ぐ破綻、更には銀行自体が抱えていた不動産関連ローンの焦げ付きで、90年代以降、融資マインドは大きく冷え込んだ。

一時は、銀行の花形部署は「債権回収」部隊と言われていたほど、バブルの後始末に地銀を含む各行が追われていた。あれからほぼ30年が経つが、この間、「人を見て貸す」姿勢が銀行に復活しているように見えないし、できれば担保が欲しい（でも要求すると当局がうるさい）と貸し渋りの状態が長らく続いてきた。それで「貸す先」がないとはよく言ったものだが、思考停止状態の銀行がマイナス金利でしっぺ返しを受けている。

私はマイナス金利は金融再編を進めるための財務省＋金融庁の合作だと思っているが、本業から生まれる利益（大まかには、貸出金利－預金金利－融資・預金関連コスト）がマイナスになるに及んでどこも慌てだしている。新規の融資先や深耕先（新たに貸しこんでもよい先）の発掘を怠ってきたツケが回っているのだ。

融資がダメなら運用と、高利回り（つまりハイリスク）の外債に手を出したのを心配した当局によって債券運用に枠をはめられ、次は株式投資、そして禁断のディリバティブズ満載の仕組み商品などに（あるいは仮想通貨も？）手を出していると想像する。３Q決算を見ると当局の締め付けが厳しくなったせいか、運用から生まれる収益が減っている銀行が多いが、指導が緩むとまたハイリスク運用に走るように思えてならない。

2　顧客ニーズよりも目先の手数料につられる

そして私が「麻薬」と呼ぶ特定手数料に銀行は至極執心だ。10％とも言われる販売受託手数料の生命保険や3～5％になることがあるらしい投資信託などの販売収益に目が眩んでいる。銀行員や信金職員がなぜ生命保険や投資信託の販売にこれだけ熱心なのか不審に思われていた読者にも、以下がもし真実ならば理解していただけるだろう。

仮にこんな保険があるとしよう。終身保障で、死亡時受取額5000万円、年間保険料60万円。もし手数料10％が年間保険料60万円のうち6万円（10％相当）でなく、5000万円の10％だったらどうだろう。1回で500万円の収入となる。さすがにここまで保険会社は払わないだろうが、年間分の手数料の10年分が一括でもらえるとしても60万円（60万円×10年分）だ。融資でこれだけ稼ぐのは容易なことではない。利ザヤが0・5％なら1億2000万円貸さなければならない（60万円÷0・5％）。大企業なら1回でこのくらい借りてくれるかもしれないが、中小企業だとそうはいかない。また銀行の審査部もあれこれ注文を付けることだろう。ところが生命保険や投資信託の販売手数料に審査が文句を付けるといった話は聞いたことがない。実際には銀行や信金から買った投資信託で損をした、生命保険で受け取れるはずの保険金が受け取れないなどのクレームが予想されることから、銀行や信金にとっての評判リスクがあるはずなのだが、これも行内で問題になっているとは漏れ聞こえてこない。つまり誰も目くじらを立てていないのだ。

支店長やら若手行員、職員が懸命に投資信託や生命保険を売ろうとする背景にはこうした銀行や信金の自己都合がある。そもそも投資信託や生命保険が必要なら、投資信託会社や生命保険会社に行けば済む話だ。なぜ銀行を介さなければならないか。余計な仲介者の存在は不要なコストを生む。生命保険会社や投資信託会社が銀行や信金に払う手数料は、保険料や運用手数料に上乗せされていることを忘れてはならない。

3　新たなビジネスモデルが構築できない

繰り返しを恐れずに書くと、一般庶民から預金という形で低利で資金を集め、それを有望な企業などに貸すこと（融資）が本業であるはずの銀行の収益がさえない。コストはほぼゼロ（預金金利がゼロないしマイナス）であるのに融資で儲けられないからだ。資金収益と呼ばれる貸出金利と預金金利の差、つまり利ザヤで儲けられなくなっている。

その理由に過当融資、先述の名古屋金利（金融機関の競争が激しく、企業業績が順調な名古屋では、ほかの地域よりも金利が低い）に代表される超低金利貸出などを挙げる人もいるが、より根本的な問題は利ザヤで稼ぐ近代の「商業銀行」というビジネスモデルが機能しなくなっていることにある。優良な企業はもう銀行から借りない（しばらく前から）。

それを補う「手数料収入で生きる」というやり方が極めて拙い。手っ取り早く手数料が稼げる（お客は大迷惑の）金融商品などの販売屋になってしまっているのだ。これは銀行の堕落でしかない。本気で販売代理店をやりたいなら「銀行」や「信金」の看板は不要だ。しかしそうもゆかないだろう。顧客は銀行で売っているからこそ（騙されていると薄々感じていても）、信じて買うのだから。

全国にひとつだけ運用で食べている金融機関がある。名前は出さないが、これはもう金融機関とは言えない。投資ファンドそのものだ。これを真似る銀行や信金がないのは幸いだ。もし、この運用主義ウィルスに他行や他金庫が感染されるようだと日本の地域金融機関は危うい。「何とか蛇に怖じず」を誰もがやることになってしまうから。

ヒントや対案はある。最終章で少し述べることにする。

4　経営が停滞している、変革意欲と実力がない

要するに現経営陣の怠慢あるいは能力不足であり、にもかかわらず何もしないことを指している。地金の経営陣であれば様々な役得があるだろうが、顧客にメリットを感じさせることができないのなら、存在する価値は薄い。

他著で「私が地金経営者なら、今は100年に一度のチャンス」と書いたが、能力と意欲のない経営者にとっては戯言にしか聞こえないだろう。外部の圧力に負けてしぶしぶ経営統合、合併するより、自ら仕掛けて昇り竜になる。なぜそうした発想がないのだろうか。銀行員＝農耕民族という論理は成り立たない。外国では銀行が盛んに買収を行い、日本でもメガバンクは海外で銀行を次々と買っている。地金はメガバンクとは違うと言うなら海外のことは引き合いに出さない。それでも国内でこれほど地銀や信金の合併がなされているのに自分だけ動かないのは私に言わせれば怠慢以外の何物でもない。

考えるのが疲れるなら勇退してはどうか。既に財を築き、地域で名声を勝ち得ているだ

ろうから、これ以上欲しいものはないと思うのだが。

5　判りもしないフィンテックに頼る

141ページのコラムDでも述べるが、私がここで言うフィンテックには殆ど詐欺としか思えない仮想通貨とその普及を行う「テクノロジー」も含まれる。ほぼ確実に騙されるフィンテックなど私なら怖くて手を出さないが、何とか蛇に怖じずと言うが如く、知らないが故に怖さも判らないということだろう。投資の神様とされているかのウォーレン・バフェットも「知らないものには投資しない」と明言している。昔、よく判らないままに投資したハイテク株で痛い目にあってからその思いを強くしているようだ。

銀行や信金も自分で他人に説明できないならやらないのが一番だ。もしそれでもやるというのなら、フィンテック企業や証券アナリストの受け売りではなく、自ら関わっているフィンテック商品やらサービスについて「リスクとそれへの対応」を説明しなければならない。ただ、私が原始的フィンテック商品とみなしている、お財布携帯などは既にサービスが普及し、痛い目にあっている人（パスワードを盗まれた、不正利用されたなど）も多いことだろうから、そうした普及商品の説明は要らない。肝要なのは「これから」導入しようとしている画期的な商品やサービスに対する説明だ。仮想通貨がそれだというのなら、懐疑論者である私たちのような「顧客」にまず解説して欲しい。

フィンテックについて論じる価値があるのはふたつだけと本書の111ページからでも書いているので、これ以上の言及は避けるが、トップが理系出身者でない（殆どそうだろうが）場合、「判らないけれど、いいんだろう。ライバルもやっているし」となりがちだ。これは判断放棄で、ある意味経営者としては最も行ってはならないことだ。判らないならやらない。バフェットもそう考え、実行しているではないか。

キャッシュレス時代

キャッシュレスに関しては、外国人旅客が不便と文句を言うことで遅ればせながら、日本が先進国の中でいかに現金しか通用しないかが知られるようになってきた。一例を挙げれば飲食店やスーパーなどの小売店の状況だ。1000円以下の会計ではクレジットカードが使えないとか、少額の買い物のためにカードを出したら拒否されたなど、外国人でなくても経験した読者は少なくないだろう。確かにお店にとっては3%ほどの利用料をカード会社に取られるので少額なら買ってもらわないほうがよいと思うかもしれない。

しかし海外、特に北欧などではもう殆どキャッシュは使われない。故にカードを持てない人にはとても暮らしにくくなっている。こうした状況にも対応する「フィンテック」商品のひとつがお財布携帯だが、携帯電話を外部から乗っ取られない限り、とても手軽だ。クレジットカードでなくデビットカード(先に口座にお金を入れておく一種のプリペイドカード)も人気が高まっている。

銀行もメガバンクや一部の地銀などはこうした動きを見て、傘下のクレジットカード会社や信販カード会社などを本体に取り込む、あるいは一体運用するようになってきている。これは戦略としては悪くない。何といってもカード会社は顧客の「購買」履歴を持っている。この価値は計りしれない。アマゾンなどが決済業務に容易に出てきたのは、この顧客情報の保有が大きな要因だ。今はサイト内で取引をする人々にファイナンスも始めているが、これはベンダーファイナンス(買い手への融資)と同じことなので、取り立てて新しいことではない。ただ、ネット商取引に莫大な力を持つアマゾンなどが乗り出したことは金融機関にとっても潜在的脅威だろう。彼らは既にアマゾン銀行なのだから。

本書ではネット銀行やリテール企業、非金融の会社をベースとする銀行を取り上げていないが、それはまだマイナーな存在であることが理由だ。ソニー銀行が本格的な融資を始め、セブン銀行が投資相談を受け、楽天銀行が手数料ゼロで海外送金を行うようになれば、彼らも分析の対象としなければいけないだろうが、現状は無視しても大丈夫と考えている。

地方企業の復元は経済の強化に

地方が寂れているのは中心商店街と言われた駅前などの状況を見れば明らかだが、人々はどこで買い物をしているのだろう。多くは郊外のホームセンターや大型量販店で、一部はコンビニでモノを買っている。大型のショッピングセンターは全国各地で似たようなつくりでつまらないが、それしかなければ人は出かけざるを得ない。大都市で起こっている都心(中心)回帰現象は、地方都市ではまだ起こっていないようだ。仮に広島や金沢などの地方中核都市でも顕著な中心地区回帰現象が起こると、昔ながらの商店や商店街が息を吹き返す、あるいは新設されるかもしれない。日本のためにはそのほうが良いと思うが、本節の趣旨である地方経済と金融の行方という観点からすると個人や零細商店の復活のチャンス（逆に大手は衰退の始まり）というプレーヤーの入れ替えにすぎないかもしれない。それでも中小零細企業や個人の復元は地方経済を強くする。

尚、地方の人口減がなぜ銀行経営を脅かすかという基本的議論は既に『地方銀行消滅』で行っているので、そちらを参照されたい。本書のスタートは「地銀は再編されなければならない。理由はもう自明だから」である。地銀の生き残り方法の幾つかを後述するので一般読者にも読んで頂きたい。

加速する再編の中での地銀の余命

この分野は近年、私の専門領域となっている感もあり、書き出すと1冊の本になってしまうが、要約して論点を述べることにする。結論を先に言うと「弱い」地銀の命運は5年以内に決まるということだ。

第2章の全国銀行ランキングをご覧頂くと判るように地銀の経営は厳しい。効率化のため、（過当な）競争を排する、強いところに寄るなどなど、地銀の合併、統合を正当化する理由は多い。

一方、合併しないことの利益が大きいという議論があることも承知している。ひとつは、銀行名が地元の地名や歴史的由来を表しており、それがなくなると利用者が離れるというものだ。例えば、肥後銀行が九州銀行となれば、強く大きくなったという印象がある反面、熊本から離れてしまうと利用者が感じるかもしれない。同様に常陽銀行が、持ち株会社の名前をとってめぶき銀行になると何処の銀行だか地元の人にも判らなくなってしまうかもしれない。しかし、こうした懸念は短期で消える。メガバンクが良い例だ。

2018年4月、三菱UFJ銀行は3つの母体の名前から「東京」を落とした。それでもまだ長い。旧三菱銀行が主流であることは明らかなので早く三菱銀行にすれば（戻せば）よいと思う。旧東京銀行の人は寂しい思いをし、旧UFJ銀行（その母体は、三和銀行、東海銀行、東洋信託銀行）に愛着がある人には抵抗があるかもしれない。しかしほかの銀行群も統合合併を繰り返し、色々な名前を失っている。

メガバンクの一角を占める、りそなホールディングスにしてもその母体は、大和銀行とあさひ銀行であり、あさひ銀行は協和銀行と埼玉銀行が合併した後、名称変更したことを多くの人が忘れている(知らない)。敢えて言えば、傘下の埼玉りそな銀行に「埼玉」という名前を残している(実際には、りそな銀行から分離して新設)のは、埼玉県の指定金融機関として残りたいという極めて限定的な理由に基づくものだとされる。これが拡張されて、今後りそなホールディングスが地銀などを傘下に収めるたびに「○×りそな」銀行ができるのも面倒臭いが(ゆうちょ銀行が、都道府県毎に名前を変えたらどうなるだろう?と想像すれば判る)、それも過渡的なものだと割り切れば、再編を促進させるにはやむを得ないのかもしれない。

こだわりは実は銀行員のため

いずれにせよ、銀行が言うほど利用者には名前(行名)に対するこだわりはない。こだわりがあるのは行員だけ(それも一部の人)と思うのだがどうだろう。

「地域密着」が疎かになるという意見もあるが、真に顧客との距離を縮め、ニーズを吸い上げようとするなら、行名や銀行の法人格などは二次的、三次的なことではないだろうか。

と考えるとやはりポスト、人的処遇がそのメリットの最たるものであろう。メガバンクの統合に当たっても、例えば旧行の3人の前部長のために、部長、副部長（部長格）、部長（特別任務）といったポストが新しい銀行で生まれたと聞いた。部長から副部長は降格となるので、カッコ付で部長と同格だと内外に知らせたり、もう1人の部長は肩書きはそのままで特別任務を与えて面目を維持させる。姑息と言えばそうだが、サラリーマンにとって職位は重要だ。モラールダウンを起こさせずに（いずれは辞めてもらうか、別のセクションに異動するのは確実だが）仕事をしてもらうための苦肉の策とも言えなくはない。

これらを全否定する訳ではないが、米銀での合併後の激しいリストラを知っている私としては何とも生ぬるい気がして仕方がない。一般社員がワークシェアリングをするのは今の時代、むしろ奨励すべきことだが、中間管理職にまでそれをさせるのは合併統合の目的を危うくする。となると不要な子会社を作ってそこへ動かす、というまるでお役所のような対応をするしかないという「言い訳」が聞こえてきそうだが、銀行は既にこうした不要と思える子会社を多数持っている。屋上屋を重ねる子会社作りをするよりは短期的に解消が可能な複数部長（役職）制を採ろうとするのだろうが、ならば外資がやるような大幅な割り増し退職金で自発的離職を促す手もある。日本人行員には辛い選択だが、仕事がなくて腐るよりも前途が拓けるかもしれない。誰にでも勧められることではないが、転職で成功する人も少なくない。

真に有益な人事対策は

ポスト対策が持株方式の最大の理由ならばほかにもやり方はある。詳細は各行に個別に助言（もちろん有料で）することになるが、大枠はここに書ける。ふたつだけ挙げればこうだ。

・職位は奪っても給与と仕事は維持（もしくは増加、増大させる）
・不要な子会社へ出向させずに、真に人材を必要としているところに転籍（銀行は完全退職）させる

仮に副部長に「降格」されても、部長（特別任務）に「棚上げ」されてもやるべき仕事があり、それに対して処遇面でも評価されることが判れば人はやる気を出す。私は横に押しやられた人には15％ほど給与を上げればよいと思う。そうすれば、ラインの長に留まるよりむしろスタッフ的に動きたいと自発的に申し出る行員も出てくるかもしれない。仕事の内容は

社史編集といった「左遷」的なものではなく、実際面でも統合推進といった意味のあるものにすることは当然だ。

地方は特にそうだが、人材が不足しているところは多い。つまり取引先や地元企業などのことである。自治体や彼らの天下り先もそうだ。最近では学校で元銀行員や元大企業社員を雇うところも多い。なぜ銀行員が必要とされるか、考えてみれば当たり前のことだが、世間には数字に強い人材は意外と少ない。日頃から数字しか見ていないとまで言われる銀行員なら、一般の人よりも秀でたその能力をうまく活用することができるはずだ。それができないなら、そもそもなぜ銀行に留まっているか不思議だが。

数字には実はそれほど強くないという銀行員も、人的ネットワークは一般企業の人より豊かであると想像できる。ならばその人脈を生かし、銀行以外の営業をやってみる手もある。営業力というとすぐに商社マンと言う人がいるが、私はむしろ中小零細企業の実態をよく知っていて自治体の非効率に日頃から悩まされている地方の銀行員のほうに軍配を挙げたい。商社は未だに暖簾（会社とその人脈）で勝負しているが、現在の銀行員はその余地が段々と減っており、問題意識は一般の営業マンよりも深刻だと見ている。悩まない人は成長しないので、悩みが多い（?）地方の銀行員にはよりチャンスがあると考える。

当局がダメと言っても持株会社方式で統合を装う

他著で「当局（金融庁）は地銀再編を進める便法として、銀行持株会社を使っての統合を許容している」ようだとの見方を示したが、これはやや違った。森信親長官自らの「持株会社を使った統合に意味はない。合併しないと」といったニュアンスを含む発言が随所で聞こえる。ただ、これに応える地銀などはまだ出ていない。

統合で先行したコンコルディア・フィナンシャルグループ（横浜銀行と東日本銀行〈第二〉が傘下にある。以下、〈第二〉と表記している場合は第二地銀を指す）も、めぶきフィナンシャルグループ（以下、めぶき。茨城県の常陽銀行と栃木県の足利銀行を持つ）、九州フィナンシャルグループ（熊本県の肥後銀行と鹿児島銀行を従える）、更にはこの3グループより前に統合を果たした、ふくおかフィナンシャルグループ（福岡銀行、長崎の親和銀行、熊本銀行〈第二〉を保有し、長崎の十八銀行も加えようとしている）、山口フィナンシャルグループ（山口銀行、広島県のもみじ銀行〈第二〉と新設の北九州銀行が傘下）でも傘下銀行の合併の動きは見られない。

わずかに、東京きらぼしフィナンシャルグループ（東京都民銀行、八千代銀行〈第二〉と新銀行東京を持つ）と名を変える、東京ＴＹフィナンシャルグループのみが持株会社の下にある銀行を「合併」しようとしている。同じく、トモニホールディングス（ぶら下がる銀行は、香川銀行〈第二〉、徳島銀行〈第二〉と大阪府の大正銀行〈第二〉）も徳島と大正は合併させるが、３行合併の実現はまだ先のようだ。

他のグループも見ると、フィデアホールディングス（山形県の荘内銀行と秋田県の北都銀行を抱えるが、持株会社の本社は仙台市に置く）、じもとホールディングス（山形県のきらやか銀行〈第二〉と宮城県の仙台銀行〈第二〉を持つ。持株会社本社は同じく仙台市）も統合後、数年経つが、地元で愛着のある（？）銀行の名前を捨てようとはしていない。

合併が持株会社方式による統合（銀行はそのまま残る）よりも合目的、効果的、効率的であることは明らかだが、そうしないところのほうが多い。現在（２０１８年３月末）、再編統合が発表、報道されている３件についても同様だ。三重県祭り。ここでは三重銀行と第三銀行〈第二〉が持株方式（持株会社方式をこう縮めて使う）で統合するとしている。

大阪府も然り。こちらは3行統合と思われたが、三井住友銀行系列の関西アーバン銀行〈第二〉と、りそなホールディングス傘下の近畿大阪銀行のみが合併し（しかし、中間持株会社の下につく）、兵庫県の三井住友銀行系の、みなと銀行〈第二〉は単体で、中間持株会社に所有されるという。その中間持株の8割は、りそなホールディングスが握ることで子会社化し、三井住友銀行は残り2割を持つことで持分法適用会社として関係を残すようだ。

そして、新潟県もそうだ。第四銀行と北越銀行の統合は持株方式だそうだ。ほかの県内に3行以上あるところについても経済誌などは、持株会社経由と予想している。

私は暫定、あるいは中途経過のあり方として持株方式はありだと思っているが、これが恒久化すると何のための統合か目的性が疑われてしまう。本音は「頭取」ポストなどの維持だと思うが、銀行持株会社の下に10行もぶら下っているならいざ知らず（それも効率化の点では問題だが）、2行や3行で「持株会社」でございと、銀行経営陣とは異なる人々が舵取りをしているのも妙だ。事業会社でも「戦略」を担う持株会社と「実行」を担当する事業会社に分かれた再編が幾つも行われたが、結局、持株と事業会社の違いが投資家にも社員にも納得されず、持株と事業会社を統合したところが多い。

未だに別のところもあるが、これは本当のコングロマリット（多種に渡る事業を傘下に抱えるため、幾つもある事業会社を単に統合して肥大化させると非効率となる）のケースを除くと、いずれ再合併ということになり、よりスッキリとした形に落ち着くだろう。事業会社の場合でも幹部の処遇の一環として、それまで事業部長だった人を事業会社の社長として「昇格」させる意図があったことはよく知られている。

さて、銀行の再編に話を戻すと、当局がやかましく「持株方式でなく、合併で」という再編はペースダウンするかもしれない。持株方式は2年後、あるいは3年以内に合併せよ、さもなくばどんどん傘下に他行を取り入れよと、指導するのが落としどころではないか。後述する異業態も取り込んだ再編や統合なら意味がある持株方式もこのままでは、ポスト減少対策と見透かされてしまう。

Column D

フィンテックは再編なしで済ませる言い訳？

自己資本がゼロになるまで、あるいはマイナスになっても独力で頑張りたいと本音で思っている地域金融機関は多いだろう。その証拠が2016年までの地銀再編ののろさだ。年間ふたつ程度の再編話で業界は何事もなかったかのように赤字、もしくは収益減に落ち着き払っている。

と皮肉を交えて書く状況が、2017年になって少し変わってきたかと思ったのは、本書でも触れている三重、大阪兵庫、新潟での県内統合が次々と明らかになってきたからだ。3月までに3件7行（大阪兵庫では3行）が絡んでいるので、ペースアップしているようだが、このケースはすべて「県内の銀行同士が繋がる」というパターンだ。2016年までの隣県の銀行の統合（横浜＋東日本＝コンコルディア・フィナンシャルグループ、常陽＋足利＝めぶきフィナンシャルグループ、肥後＋鹿児島＝九州フィナンシャルグループ、ふくおかフィナンシャルグループ＋十八（長崎）＝拡大ふくおかフィナンシャルグループ、じもとホールディングス（香川と徳島）＋大正（大阪）＝拡大じもとホールディングスなど）とは趣が異なる。隣県の組み合わせの方により合理性があり、同県のそれはリストラの前触れに見えて仕方がない。

それでも１００行を超える地銀、第二地銀の大多数は音なしの構えだ。彼らが本当に統合も合併もなしで10年先も20年の未来も現状維持、行名は変わらず営業していると夢想する根拠は何だろう。不思議でならない。他著でも書いた人口減＝顧客減＝収益減といった変わらないパターンを打ち破り、単体で顧客数も収益も大幅に増やせる秘策があるというのだろうか。

本書でも指摘しているが、一部の地銀などが不動産担保融資を復活させ、アパートローンというバブル以前に少し流行った資産運用を懸命に売り込んでいる。背に腹は代えられないとリスクを承知でやっているように思えるが、地価や家賃が右肩上がりで増加することはほぼ絶望的なので、これは短期的解決策にしかならない。縮小均衡でよしと割り切り、預金も融資も少しずつ減らし、行員のリストラも静かに行えば数年は大丈夫かもしれない。しかし、縮小均衡は業界全体のコンセンサスがあっても実行は難しい。誰かが顧客を諦めれば、それを取ろうとするところがほかに必ず出てくるからだ。

秘策のひとつとして取りざたされているのはフィンテックだが、これは銀行に少し知見のある不動産関連融資よりもリスキーだ。そもそも銀行側でリスクの所在が不明確なまま、怪しげな（敢えてそう言う）IT企業の口車に乗っているように思える。フィンテックが救世主ならなぜ海外の銀行が熱心にこれに取り組まないのだろう。一部の米銀は行っているようだが、欧州の銀行はやや懐疑的だ。

海外の銀行がやることがすべて正しいとは言わないが、不要なことを行って潜在的リスクを増やしているだけのように見える。更に言えば、フィンテックと名前を付けなくても、本来銀行が行うべき業務を他社が先に行ったので後追いしている面もある。P2Pレンディング（銀行を介さないで融資のアレンジをして資金を回す）などは10年前から銀行が自ら行えばよかった代物だ。それをリスクが高いと忌避しておいて、今ごろになってIT企業などが始めたギミック（手法、方法を揶揄して使う言葉）を共同して行っている。P2P（ピア・ツー・ピア＝資金を余剰に持っている人が、直接足りない人に回すこと）の本質は銀行が行っている、預金と融資にほかならない。間に銀行が入るので「間接」金融と呼ばれるのだが、銀行を通さない「直接」金融は日本では法規制があって自由にできない。銀行を守るためのもの（そして、預金者をということだが）で、このため現在のP2Pレンディングは摩訶不思議な形で行われる。

細かい話はさて置き、要は**銀行の怠慢**がフィンテックを生んだということだ。怠慢を反省して自ら後追いするのならまだしも、門外漢が作ったビジネスモデルを金融サービスのプロが真似る。これはどう考えても本末転倒、あるいは怠慢の段重ねだ。フィンテックを私が評価しないほかの理由は日本のベンチャーの脆弱さだ。起業家を含めてベンチャーの95%以上が失敗する、それでもベンチャーが必要という認識がこの国にはない。故に少し目鼻が付くとはやしたて、当然の倒産リスクはないかのように扱う。銀行が今、そしてこれから組むフィンテックベンチャーの殆どは5年後には存在していない（はず）という厳しい認識が銀行側に必要だ。

第5章　消える銀行員

本章では、今後大幅な減少が予想される銀行や信金で働く「人」、つまり銀行員や信金職員に焦点を当て、彼らが今までどう生きてきたか、これからどうすべきかを説く。金融関係者だけでなく一般サラリーマンにも当てはまることが多いので参照されたい。まずは大減少の一要因になるとされるＡＩの話から。

ＡＩとフィンテックは定義が違う！

フィンテックに何でも入れてしまう人が多い中、私はＡＩとフィンテックは別物と考えている。ＡＩ（人工知能）は人間に取って代わる恐ろしいものであると同時に人類を単純労働から、そしていずれは思考そのものから解放してくれる望ましいもの（キメラ＝ふたつの別物をひとつの中に包含している異物）と理解している。一方、フィンテックは仮想通貨のようなゴミからお財布携帯のようなお手軽決済ツールまで包含する「よろずや」である。

ＡＩとフィンテックを合わせると、例えばＡＩがスマホやパソコン越しに運用相談に応えてくれる、となるだろうが、フィンテック＝ＡＩでは断じてない。繰り返すが多くのフィンテック（商品も企業もそれに関わる人々も）は似非、偽物だと思っている。先日の仮想通貨紛失騒動を思い出すだけでもうさん臭さが判ろう。従って、フィンテック、フィンテックと狂騒している金融機関にも疑いのまなざしを向けている。前に三菱ＵＦＪ銀行が仮想通貨実験を始めた際に（今はりそなまでもがやっているが）三菱ＵＦＪ銀行は新たな中央銀行になろうとしているのかと揶揄したのもその一例だ（本当にその気なのかもしれないが）。

ＡＩ導入の影響を考える

アマゾンによる法人の販売事業者向けの融資サービス「Ａｍａｚｏｎレンディング」が存在感を高めているが、これは古くからあるベンダーファイナンス（買い手への融資）の一環にすぎない。車を買う際に利用される、銀行以外が行うカーローンのようなものと私は理解している。更に古くは「商社金融」というものもあったし、更に遡れば江戸時代には両替商が金貸しも行っていた。前者は大手も中小も関係なく商社が取引先に銀行に代わって融資を行って資金繰りを助けるというもので、商社の信用力で安く借りたカネをより高い金利で貸すことで利ザヤを稼いでいた（今でもある）。後者は、均一の貨幣がない不便を両替商が一分銀や二朱金など形も重さも不揃いでばらつきのあるものを自らリスクを背負ってより使い勝手の良い銅銭などに両替していたことを指す。贋金《にせがね》も多かったため、リスクの高い商品であったが、両替で貯まった資金を大名や武士、時には庶民にも貸していたのが、明治以降「銀行」になったという理解でほぼよい。つまりアマゾンの顧客融資は、概念としては新しいものではないが、インターネットを通じて行うところが今風ということだろう。

そんなわけで、本節ではＡＩの及ぼす銀行経営へのインパクトのみ論じる。

1　単純業務の激減

伝票作成やその精査（チェック）などの単純作業はまず機械化される。メガバンクや大手地銀ではこうした部分はもう省力化されているが、本格的なＡＩが導入され、窓口にロボットが座るようになると銀行業界全体で数万人という人が不要になる。ここで余った人をより生産性の高い、創造性を問われる知的集約度がより高度な仕事に振り向けるとよいと思うのだが、恐らく転用が難しい（現在でも窓口の職員のうちかなりの割合がパート職員）ので、各行、各庫で人員が2割から3割は減ることになるだろう。残った人の仕事は人員が減った分きつくなるというより、質が大きく変わると考えられる。例えば、次もそうだ。

2　中間管理職の大減少

伝票のチェックや検印を押すといった作業をまだ多くの銀行や信金で「中間」管理職（役職名は支店長代理とか課長）が行っているが、この相当部分が不要になる。省力化という観点からはこちらのほうが銀行や信金にメリットがあるだろう。実際に中間管理職として勤務している人の絶対数は先のパート職員よりずっと少ないだろうが、かなり高給なので経費削減効果が大きい。彼らが移る先は、本来、後述する「ハイタッチ」（対面で行う密度の高い相談業務など）となればよいが適性もあるので、子会社出向（そこでも検印などの仕事はなくなっているが）か退職ということになる可能性が高い。ＡＩ導入は中間管理職の存在意義を脅かす。

3　経営者不要の事態も

そしてあまり生産性の高くない経営者も淘汰される。ＡＩに判断を委ねたほうが正しい判断を適切なタイミングで行うということになれば、超高給取りである経営者の数はずっと少なくて済む。この経営層を広く定義すれば、本部の次長あたりも含まれるので費用削減効果は甚大だ。近い未来、ＣＥＯ（経営最高責任者）にＡＩが就任し、「それ」を補佐する外部役員もすべてＡＩという状況が実現するかもしれない。恐らく5年ほどの間は、ＡＩが取締役会などにも出席し、中立的、つまり役員同士の人間関係に影響されずに意見を述べる程度にとどまるだろうが。10年と書かず、5年としたのは本気でＡＩ導入を図るとそこまですぐに行き着くということを強調したかったからだ。

ならば人間として銀行員・信金職員はどんな仕事をする？

基本は、顧客と対面するハイタッチ業務ということに尽きる。あるいは現状まだＡＩが苦手（すぐに克服しそうだが）とされる「創造的」業務などに活路が見出せる。少し先になれば話は別だが、ＡＩが顧客と長々と世間話をすることは今のところなさそうなので、そうした対応はしばらく人間がやることになるだろう。また、話があちこちに飛ぶ客ともにこやかに会話を続けられるのも「人間力」、「対話力」のある高度プロフェッショナルならではの仕事だ。

更にメガバンクが今後、傾斜を強め、地銀大手なども懸命に追随しようとする投資銀行業務（いわば大手法人向け総合証券業務）もしばらくはＡＩが人間に取って代わることはないだろう。さらに言えば人間（行員）がＡＩの導入を必死で拒むだろう。

個人・中小企業向けや相談業務に話を戻すと、資産運用だけでなく子供の就職あっせんや、３章で現状を厳しく糾弾したビジネスマッチングなどもまだ人間が活躍する余地がある。実際はＡＩのほうが上手にやるかもしれないが、この分野まで人間から仕事を奪うと内部で相当な反発が生まれることだろう。自ら付加価値が高いと感じている助言や判断がＡＩの足元にも及ばないとなれば、クビになる前に多くの銀行員や金庫職員が職場を去るかもしれない。そこまでは、と考えている読者には既に碁と将棋でトップの実力者がＡＩに勝てないということを思い出して欲しい。

ＡＩが本格導入された銀行や信金の景色（職場模様に限らない）は現在とは相当違ったものになっているはずだ。

とにかく銀行に残りたい人への提言

ここで銀行員、信金職員について述べる。

まず銀行という職場の特性から。

私はこれまでにも「銀行員として必要とされる資質」は、大きく8つに要約されると書いてきた。後述する銀行員の出世の法則とは矛盾するところもあるかもしれないが、以下がそれだ。

・攻めよりも守りが得意
・上司の指示には従順
・最低限の知性を持ち合わせている
・文句を言わずに黙々と仕事に取り組むことができる

・爽やかである（そうでない場合には、凄いと人に思わせることができる）
・（競争相手はさて置き）部下に思いやりを見せることもできる
・上昇志向がある
・一匹狼ではない

ひとつひとつ解説する。

1　攻めよりも守りが得意とは

まず「攻めよりも守りが得意」ということだが、「大きな成果を上げることよりもミスを極力少なくできる」と言い換えることができる。銀行という職場では個人個人の力の差があまり出て来ない。もともと差が出ない仕事をしているとも言える。故に成果よりも周囲に迷惑をかけるミスがない人材のほうが喜ばれるのだ。

例えば、個人を相手にする支店業務では事務的な単純ミスが何よりも嫌われる。新規で有力な法人や富裕層の個人のお客さんを獲得するよりも小さなミスのほうに本部は目が行く。業績はまずまずだったが、事務が不首尾で支店長の評価が思わしくない、ということは多々ある。これは一般企業と大きく違い、銀行員は守りにばかり気を取られている、と言われる所以だ。

2 上司の指示には従順とは

親しくなったら若干の議論をしてもよいが、基本的には上司から受けた指示には100%従い、後で文句を言わないということである。全く反論を許さない銀行もあるので、「業務命令」(従わないと解雇されることも)でなくても即、それに従うことが求められる。

一言居士(何か一言上司にもの申す)は格好がいいが、銀行員として生きるうえではあまり賢い選択肢とは言えない。間髪を入れずに上司に従うほうが覚えもよく、出世も早いだろう。ならば、どうしても納得の行かない命令が出た場合にはどう対応すればよいのだろうか。

聞こえなかった振りをして聞き返す(それによって上司にあれっ、と思わせる)ことも一策だろうが、直球で「理由をお聞かせ頂けますか」と聞く手もある。こうした反応を許す銀行とそうでないところがあるので注意が必要だ。かつては多くの銀行で一言程度は許されたと思うが、昨今は許容度が低くなっていると聞く。上司に尋ねる場合も質問を少しカーブさせて、「間違いがあるといけないので、ご指示を繰り返します。理由はこれこれ（自分が想像するもの）でしょうか」と言うくらいのほうがよいかもしれない。

どうしても納得行かない場合でも、その場では「承りました」と従い、後で「確認ですが…」と改めて聞いてみるほうがよい。上司のそのまた上司に確認する手もあるが、これを一度でもやってしまうと貴方は上司から「要注意人物」とみなされる可能性が高い。もし犯罪行為と思ったら、これは人事部なり、緊急ホットライン（監査役などへ直通、実際は担当行員が受けるが。残念ながらこれもない銀行のほうが多い）を使うほうがよいかもしれない。

セクハラなどもそうだが、銀行が表向きに「犯罪」あるいは「犯罪的行為」と公言しているものについては、黙っていると貴方も上司と一蓮托生となり、処分の対象となってしまう。まあそのような指示を受けるのは、普通の銀行員の場合、一度か二度あるかないかというほど可能性は低いものではあるが。

3　最低限の知性を持ち合わせているとは

これは文字通り上司の指示や約束事をその通りに実現できる程度の常識や判断力があるということ。しかし、これができない銀行員が多い。私自身も若いころはよく上司の指示を誤解したり、中途半端にしか実行しなかったことがある。

ということで、上司や先輩同僚から評価をされるのは「間違いなく指示をこなせる」ということであることが判る。できない行員が多いので、それができる行員は「優秀」（世間的な意味とは少し違うが）とみなされる。皮肉に聞こえるかもしれないが、先読みができる人、自ら戦略や構想が立てられる人というような大それた資質は、役員を狙わない限り必要ない。それよりも「指示が理解でき、それを70％くらい実行できる」力の方が銀行員にとっては重要だと考えて欲しい。

4　文句を言わずに黙々と仕事に取り組むことができるとは

これは、忍耐度や我慢度が銀行の中ではしばしば試されるので、是非とも必要とされる資質である。よくできても文句が多い人は、銀行内では出世できない。できは少し悪くても黙々と仕事に取り組む人が評価される。一般企業も同じかもしれないが、一種の「愚直さ」が求められるのも銀行の特徴である。

といってもロボットになれと言っている訳ではない。銀行員も人の子なので、当然感情はある。しかし、あまりにそれを露出させる人は評価されない。喜怒哀楽は抑えて表現する、特に怒りと悲しみは隠すほうが銀行では生き延びやすい。

5　爽やかである（そうでない場合には、凄いと人に思わせることができる）とは

これには異論があるかもしれない。爽やかでなくても出世できる銀行はある。私もそのことは否定しないが、もし銀行内で「幹部」とされる次長（支店長の次、部長の下）以上を目指すなら人格的な清々しさは欠くことができない。リーダーは明るくあれ、とほぼすべての銀行で言っている。

暗いリーダーの下では誰もが鬱々として楽しむことができない。短期的にはともかく、長期的には組織の活力を奪ってしまう。故に誰もが顔を見ると安心するような爽やかさや

優しさが銀行の中では必要とされる。頭が良ければそれでいいだろう、と思われる方には調査畑をお勧めする。こうした部署では支店長にはなれそうにもないが、頭の切れる人が確かに必要とされる。

6 （競争相手はさて置き）部下に思いやりを見せることもできるとは

この資質も重要だ。繰り返しになるが、銀行員も人の子。情けある上司や苦しい時に助けてくれる同僚や部下を信頼するのは当然だ。銀行内に作る味方は値千金である。味方作りに役立つコツは「ちょっとした思いやり」。最初は形だけでも続けているとそれが第2の天性になる。「元気か」とたまに部下に声をかけるだけでも彼、彼女を自分の側に引き寄せることができる。

7 上昇志向があるとは

これは当たり前のようで、意外にそうでもない。出世志向とはちょっと違う。後者がなりふり構わず上を狙う印象が強いのに対して、前者は自分にも他人にもそれを公言して実行するという意味合いがある。「銀行を支える柱になる」くらいの自信がある人は、信頼できる人たちになら言ってもよいかもしれない。

しかし有言実行は実は厳しいものだ。少しでも実現しないと「それ見たことか」と周囲からバカにされる。不言実行はその点、楽だ。自分の野心が外から見えにくいから。でもこれからの時代は少々の野心は露わにしたほうが出世するかもしれない。その理由は「銀行再編」。本格的に地方金融機関や大手銀行間の経営統合や合併が始まると(メガバンクの登場で第一幕は終わったが、第二幕はこれからだ)、正しい野心を持つ人の活躍の余地が広がる。自分の欲望を満たすためだけの出世ではない、社会的にも意義のある野心(内容はそれぞれなので、読者のご想像に任せる)を公言するほうがチャンスに恵まれる。沈黙は金であったが、これからは銅や鉛に代わり、銀と言われていた雄弁のほうが金やプラチナ、あるいはダイヤモンドになるかもしれない。

8　一匹狼ではないとは

これは、銀行員は1人で何かをすることは殆どない。またそんな仕事もない。わずか1

00万円を個人に貸す場合でも担当者、役席（管理職）、支店長（あるいは部署のトップ）など、多くの人のハンコが必要なのだ。

1人で成し遂げたように見える仕事も、それを支える多くの行員の力や協力があってのもの。従って、最後の項目としたが、ある意味最も重要な資質が「他人と一緒に仕事ができる」「他人が喜んで仕事を共にしてくれる」ということなのだ。「人」の組織（対照的にメーカーなどは「もの」の組織と言える）であるサービス業、そのひとつである銀行では「他人と働ける」ということはとても重要な要素なのである。従って、一匹狼とあだ名される行員はいても、実際に1人ですべてをこなせる者などいない。

それでも「半沢直樹」のような硬骨漢になりたい人へ

「半沢」の定義もしないで、半沢になりたい人に、でもないが、世間的な銀行員としての「半沢直樹」のイメージは以下のようなものかと思う。

・頭が良くて、戦略的な思考ができる

・正義を信じており、不正は許さない
・性善説だが、悪人には立ち向かう
・同期や仲間を大切にし、自分からは裏切らない
・寛大なところもあり、他人の過ちを赦す

これがすべて当てはまればそれこそ「頭取候補」だ。頭の良さも重要だが、銀行だけでなく大企業では人格的に良質であることが求められる。例外も少なくないので、一般化はできないが、誰が見ても性格の悪いトップが二代続くことは殆どない。創業者が厳しくても、小粒な子供が後継者になると同時に甘くなり、社員はほっとする。

原作者だったかテレビのプロデューサーだったか忘れたが、「半沢が頭取になるまで」シリーズは続くという発言もあった（2018年現在、これはなさそうだ）。本当に半沢は理想の頭取候補の一人なのだ。しかし、現実は厳しく多くの銀行で半沢ほどの人材は、それを嫉妬し、憎む同輩によって陥れられてしまう。悲しいことだが「悪貨が良貨を駆逐」するということだ。

なので半沢的な人物にあこがれ、自分もそうなりたいと思う人はよほど注意しなければならない。早くから（入行すぐくらいの時点で）「半沢のようだ」と周りに思われてしまうと、多分損だ。「頭取候補」、「役員候補」と思われるのは名誉だが、「半沢候補」と名付けられると茨の道が待っている。

半沢を目指しても爪を隠せ

私の助言は、「爪を隠せ」であり、「韜晦《とうかい》（利口者が愚者の振りをする）せよ」ということ。

昔、「出る杭も出すぎると打たれない」と言った人が銀行にいたが、これは誰にでも当てはまることではない。自分に自信があるだけでなく、それだけのシンパ（ファン）がいなければ、虚言になりかねない。

しかし、上手に自分の能力を隠すことはできる。欧米風に「俺が俺が、私が私が」とやって認められる場合もあるが（外資ではそれが唯一の認められ方だ）、日本の企業、日本の銀行の中ではもう少し奥ゆかしくやっても「見る人は見ている」。

韜晦は人によって上手にできる人とそうでない人がいるが、ユーモアのセンスがあるとこれが上手にできる。笑ってごまかす、と言い換えることもできる。私自身はこうしたことがとても下手だが、ユーモアがあって、時に本音だか冗談なのか判らないことが言えるというのは貴重な能力だ。後天的に身に付けることのできる技術かもしれないが、いずれにせよ、「本音を上手に隠す」ことは「能力を控えめに出す」ことと相まって銀行員を救う。

もちろん言うべきことを言うタイミングを外してはいけない。それだと「普通人」のまま銀行員のキャリアが終わってしまう。私は仮に30年銀行に勤めるとすれば、6回か7回くらい、自己主張をする（つまり、爪を出す）機会があると思っている。

そのタイミングを外さずに自分を見せることができれば、ある程度まで出世が可能だろう。頭取まで行けるかどうかは、実は「運」次第だが、部長には多分なれる。それを焦って早くから「半沢」気取りでいると、もっと早くに出世の芽が摘まれてしまうかもしれない。

次は「従来型」の銀行での処世術を述べる。

ほぼ間違いない代理までの出世法

1　従順さ

まず必要なのは「従順さ」。これは無批判であれということとはちょっと違う。批判の気持ちを持つのはよい。しかし、それを表明する機会は慎重に選ぶべきなのだ。銀行員に限らず、一般にサラリーマンには「わがままカード」とでも呼べる、自己主張できる機会が何回かあると私は考えている。ただ、わがままカードは慎重に使わないと、その効果が半減する。一種、猫をかぶったような上司には素直な行員でいる必要がある。つまり、使うなということだ。

犯罪行為に手を染めよとは言わない。同じく、あまりに理不尽な指示や命令には反抗する権利がある。しかし、常日頃から上司やそのまた上から「不満分子」だと思われていると埋もれてしまう可能性が高いのだ。

そこで、入行して最初の数年は上司にできるだけ逆らわず、言うことをよく聞く「良い子」でいるのが無難だ。それも次に述べる「明るさ」を伴って。返事する声が小さく、ぐずぐずしていると性格がよい意味で内向的であっても評価は低くなる。

2　明朗さ

ということで、次に必要な資質は「明朗さ」だ。本当のワルは笑って悪事をなす、という人もいるが、概ね明るく振舞っていると周囲は貴方への警戒心を解く。これが肝要だ。銀行員はウチ（銀行内部）でもソト（外部、お客さんや社会など）でも「信用」が欠かせない。この信用を得る近道が、性格の明るさである。

本当は人付き合いが苦手で…とか、洞察力はあるが人望がない、などと悩む必要はない。初対面からファンがどんどんできるほど明るくなくてもよい。静かな明るさ、こうしたものも銀行の内外で評価される。笑い声が大きいとか、いつも笑みを絶やさないといったいかにも明るい人である必要はない。

銀行という職場にたくさんいる女性行員は人間観察力がある。彼女たちの眼力で行員の本来の姿はすぐに見透かされてしまう。従って、仮面を被って「明るさ」を演出しようとしてもすぐに本来の「暗さ」が知られることになる。故に無理をする必要はない。

本来持っている静かな明るさを、時間をかけて露出させてゆけばよい。万が一、とても根暗で、しかも人を寄せ付けない闇を持っていると自覚している場合、これはなかなか厄介だ。しかし、そういう人でも銀行の中に「適職」はあるはず。例えば、監査部（ミスや不正を発見するのが仕事）や審査部や調査部（皆が貸したい先にNOと言う、そのための材料を集めたりする）が実は天職かもしれない。

3　人好きがする

これを3番目に挙げると戸惑われるかもしれない。「人好きがする」とはある意味、総合力というか、性格の多くの部分がかみ合って生まれてくるものなので、どうすれば人に好かれるようになるか、なかなか一言で言えないところがある。

その場合、周りにいる人気者、あるいは人望を集めている人をじっくりと観察してみよう。従順さと明朗さ以外のたくさんの美点を持っているはずだ。敢えてひとつ選ぶとすれば、「稚気がある」というか、青臭さ、子供っぽさを持っている（単なるわがまま、自己中心ではなく）ということだろうか。

頭だけ良くても銀行の中では出世できない。これはどの銀行でもそうだと断言できる。自分の頭脳を見せつけることのできる機会は幹部にならないと巡ってこない。銀行に入って数年の間は単調かつ退屈な仕事（事務だけではない。融資の稟議書を書くのも結構、飽きる）が主体。その中で頭が良いとか、悪いとかいうのは殆ど影響ない。

そもそも頭の良さとは何だろう。私は洞察力、予見力、創造力などを指すと思うが、銀行の中で、しかもぺいぺいのうちに洞察力、予見力、創造力を発揮する機会など殆どないのだ。従って、学歴がどんなに素晴らしくても、ＩＱ（昔は知能指数と言われて持て囃されたが、知能は言語と算数だけで計ることなどできない）がどんなに高くても、そんなことは忘れてよい。

日本の企業は銀行も含めて、「人間関係」で仕事をするところ。個人の能力は、理系、技術系は別として幹部になるまであまり問われることはない。故に「人から好かれる」ことが仕事をするうえでも、上司から良い評価を得るにも必要なことになる訳だ。

4　若干の指導力

次には「若干の指導力」を挙げたい。そもそもリーダーシップがあるかないか、それがどの程度、他人を動かすかなどは本当のところ客観的に判断できるものではない。何となくリーダーっぽいと思われれば、それでよいのだ。真のリーダーは、自己犠牲を悩むことなくできる人のことだが、入行後数年でそんな「リーダー」かどうかは誰も判りはしない。

だから、言われる前に自分から手を挙げるとか、上司が自分に何かをまとめて欲しそうにしている、と気がついたら、その上司の期待に応える程度の指導力を発揮するだけで充分なのだ。

5　嘘をつかない

これは、当たり前のことのようだが、実行は難しい。

便法として「できるだけ」を入れよう。嘘は次なる嘘を生む。そして、必ず露見する（最近の政府の土地売買の問題然り）。小さな嘘で大きく信用を損なうようなら、最初に少し恥をかけばよい。知らないことは「知りません。でも調べます」と言って切り抜け、知ったかぶりをしないようにしたいものだ。

正直と評判が立てば、鬼に金棒。

上司の言うことをよく聞き、時に先を読んで動く（従順さ）。明るくて人望がある（明朗さと人好きがする）。若干のリーダーシップが発揮できて、正直者である（少しの指導力と嘘をつかないこと)。これだけで時間はかかっても代理(銀行以外では係長クラスに相当)になれる。

いや、世の中はもっと世知辛くなっているので、ずる賢さや博打感覚も必要だという反論があるかもしれない。それは代理以上の役職を狙う時に考えたらよい。それでも「ずる」を取った賢さ(先ほど述べた洞察力、予見力、創造力などもその一部)と「博打」を「リスク」と置き換えた鋭敏な感覚と理解すべきだろう。

普通に真っ当に仕事をし、周囲と接していれば、特別なことをしなくても代理にはなれるはずだ。そんな人材を銀行は採っている。現役諸氏は、そこのところは自信を持たれたらよい。

次長以上を狙うなら必要な8つの資質

次に、銀行の中で名実共に「幹部」とみなされる次長(本部の職位で、支店のそれより上位)になるための要件を話す。わずか8つで足りるということはないが、これだけは必要だと私が思う要件を「資質」という言葉でひっくるめてお知らせする。

私自身は邦銀では次長にならなかったが、転職した外銀で部長職、本部長職を経験した。また邦銀時代、外銀時代、独立後を通じて銀行の次長クラスの人たちと大勢接してきたので、こうしたことを語る資格はあると思う。

1　多くの人から好かれる

第1は、これだ。当たり前のようだが実はなかなか難しい。代理の場合には単に「人好きがする」で良かったのだが、次長以上には「多くの人から」という枕詞がつく。内輪の人気者では不足なのである。

もちろん敵よりも味方が多いことは必須要件だが、敵が余りに多いと銀行の中では出世しない。誰かが邪魔をする。そうした意味で、敵も味方も少ない人のほうが意外と出世するが、せいぜい次長どまり。それ以上を狙うなら多くの味方が必要になる。そして味方を作る大事なポイントは「人好き」することだ。

信頼できる、風格がある、ぶれない、根性が据わっている、あるいは稚気がある（子供っぽい）など、同性からでも惚れられる要件をある程度満たしていると人から好かれるようになる。これは持って生まれたものもあるので、こうすればよいという具体的な助言はしにくいのだが、他人から警戒されない（後述するが、逆に警戒されることがプラスポイントになることも）ことが好感を生み出す。表裏がありすぎると嫌われることはあっても好かれることは少ないだろう。

2　極めて明るい

2番目に大切なのはこれ。本当は暗い、というのでも構わないが、傍目にはかなり陽気だと思われていることが肝心だ。とても根暗な人が外では明るく振舞っているということが稀にあるかもしれないが、やはり性格は自ずから露出してしまう。ある程度、明るい資質がないと組織で上に上るのは難しい。

私は実は根が恥ずかしがり屋なので、指導的立場には向かないと幼いころは思っていた。しかし、シャイであることと明るいことは相反しない。言うべき時に言う、なすべきことをなす勇気さえあれば、赤面症であろうと饒舌でなかろうと関係ない。銀行に限らず部下は上司のことをよく見ている。

繕っても（上司の）本性はすぐに下の者や客には見抜かれてしまうと知るべきだ。となれば、明るくなくても明るく振舞うことは銀行における処世上、必要となる。最初は無理をしていても、それが習い性となると意外と簡単なことだ。自分を偽れとは言わないが、誰にも明るい面はある。

3　ずば抜けた賢さ

3番目に必要なのは「ずば抜けた賢さ」。これは勉強ができたとか、数字や論理に強いということだけを意味しているものではない。知識よりも知恵、記憶力よりも判断力が大切だ。人間としての賢さは常識人であることにも通じるが、単なる常識だけの人ではブレークスルーすることができない。代理で終わるか、次長以上に行けるかは、思考力の器による。

これが小さい、乏しいと反省する人には芽がある。しかし、自分は一流大卒だ、ＩＱが高い、周囲からも頭が良いと思われていると自惚れている人はあまり上には上れない。経営層もある程度は見る目があるので、ゴマすりだけの人は昇格させない（例外はあるが）。

真の実力は？ということになると人間としての賢さ（ずる賢さも時には必要かもしれない）が重要な要件となる。

4　目端が利く

4番目は、機を見るに敏と言い換えることもできる。

これを節操がないとか、ずるいと評する人もいるが、何と言っても個人の能力差があまり発揮できないのが銀行なので、ちょっとした「違い」を上司らには大きな「差」として認識してもらわなくてはならない。

今、自分が求められていることは何かということを鋭く察して、それを上司や経営層から言われる前に実行する。銀行内で出世するためにはこうした機敏さ、要領の良さが求められている。愚直にこの道一筋という人は、銀行内ではなかなか頭角を現すことはできないだろう。研究職とかとは違い、本当の「頭脳」が必要とされる余地の少ないのが銀行であるため、自分に「ずるさ」が欠けていると思う人は別の天地（職場）を早めに探すほうがよいかもしれない。

5　従順さ

一方で「従順さ」は引き続き欠かせないものである。これを5番目の資質とする。代理までの出世のところでは一番に上げた資質だが、これは次長以上の場合にも当てはまる。違いを示すためには「ほどよい従順さ」と言い換えるべきだろう。

何にでも逆らう部下は上司から嫌われる。100％正論を吐く人は少ないので、「格好つけ」とみなされてしまう恐れもある。次長の場合、上司が部長、役員、頭取となるので、こうした人たちから「使えない」と思われてしまうともうキャリアも終わりだ。ならばどうするかが次だ。

6　君子は豹変す、を体現する柔軟さ

ＴＰＯ（時、場所、状況）を弁えて持論を展開し、動くこと。簡単なようだが実際には相当難しい。人によって態度を変えると「表裏のある人」と見なされて終わり。時間差で物言いを違えると「嘘つき」と言われる。場所で言説が異なると「ぶれる」と評価されてし

まう。いずれにしてもよいことはない。

都合の悪いＴＰＯでは自説に固執しないのに限る。前提が変われば自説を主張できることもある。頭取交替、上司の部長の左遷、自分の足を引っ張る部下の処分、何でも構わない。時が至り、場が変わり、情勢が自分に有利になるまで待てばよい。そうした意味で唯我独尊、自己拘泥のタイプの人はいかに優秀であろうとも先が見えている。「君子は豹変す」でよい。

とすると6番目は、「君子は豹変す、を体現する柔軟さ」ということになるだろう。

7　警戒されるほど、一目置かれる

最初の「人から好かれること」と矛盾するようだが、必ずしもそうではない。

リーダーは恐れられるのと好かれるのとどちらがよいか、という問いはしばしばなされるが、不幸なことに「恐怖される」人のほうが長続きするようだ。「好かれる」だけの人はどうしても軽んじられる。多くの人は、リーダーに自分にないものを求める。

故に「怖がられる」ことが必要になってくるのだ。

あの人間を無視、軽視すると痛い目にあう、と周囲に思わせることができたら、次長職に一歩近づく。敵ばかりだと困るが、こうした怖い人にも人は集まってくる。なぜなら自分が睨まれることが恐ろしいからだ。

要はバランス。好かれるだけでも恐怖されるだけでもダメなのだ。ある程度、好かれて、一方で恐れられる。こうした資質を次長になる前に持っていれば、役員、頭取も夢ではないだろう。

8 運がある

でも最後は「運」だ。運がないとどんな資質があっても出世できない。自分は運以外のすべてがある、という人は実は何もない。運がなければ、あるいは運さえあれば、人はどこまでも上ってゆける。これはちょっと怖い処世訓だが。

課長でよしとするなら次に狙うべきこと

自分は「代理」で終わるのは嫌だが、幹部である「次長」以上を狙うには弱い、あるいは精神的に辛いと思う人は、その中間である「課長」を狙う手がある。中間管理職の代表例である課長職に必要なものとは一体、何だろう。そして、それを課長になってどう生かすか。

私が銀行勤務をしていた1990年代までとそれ以降では情勢はかなり違うが、「出世する人」「そこそこまで行く人」「あまり期待できない人」は入行7年目くらいで大体判った。今ではその見極めが早い時期になっているようだ。もちろん大器晩成型の人が10年、20年経ってから見出されることもあるし、「再編時代の銀行」においては、従来型とは異なるタイプの人材が求められるので、敗者復活のチャンスがゼロではない。

これから銀行も大きく変化するが、それでも「出世する人」、「次長を超えて最高幹部の仲間入りする人」には必要でも、そこまでは望まない人、有体に言えば課長どまりでいいと考える人には別の処世術がある。しかし、代理(支店長代理、部長代理)と課長の間には見えない壁があることも確かだ。代理になる処世術だけでは課長に到達しないということだ。

課長という職位がない銀行もある。その場合、代理と次長(あるいは副支店長、副部長)

の間に「調査役」という中2階ポストを置くことが多いようだ。現在のメガバンク、地銀にもそうした役職がある。

試みに代理と課長の資質を次ページの図表にしてみた。

これが出世要件のすべてではないが、私が重要と考えるものの一覧である。明朗とか従順という言葉が銀行の経営陣から見てどのような意味を持っているかを明らかにするために「基本の要件」という欄を作ってみた。

代理と次長以上の間に位置する課長（調査役）に必要な資質は、概ね代理＋α、次長以上－βといったイメージであることがお判り頂けるだろう。企画立案能力はあまり必要とされないとか、臨機応変に対応できなくてもよいというのは意外かもしれないが、これが「従来の」銀行の中間管理職の実態だった。大事な判断は次長、副支店長、副部長以上に委ねればよいということだったのである。これは今後、変わってくる。代理以下でも自らの判断で動かなければならない局面が増えてくることだろう。

例えば、銀行合併後の事務のやり方などがそうだ。紋切り型で対応していると旧行のどちらでも想定しなかった問題が発生した際に右往左往することになる。この時、平行員であっても「正しい」事務や「顧客サイドに立った」応対ができるかどうかで、銀行の評判まで左右されてしまう。

代理、課長、次長以上で違う資質

基本の要件（経営陣が問うこと）	代理	課長	次長以上
上の命令に従えるかどうか	（ほぼ無批判に）従順	（殆どの局面で）従順	ほどよい従順さ
周囲を明るくできるか	明朗	明朗	極めて明るい
人望があるか	人好きがする	人に好かれる	多くの人から好かれ、敵が味方よりずっと少ない
リーダーシップが揮えるか	若干の指導力	一応の指導力	（当然あるもの）
信頼性があるか	嘘をつかない	殆ど嘘をつかない	（当然のこと）
過ちを認められるか	（問われない）	（あまり問われない）	君子豹変す、と言われるほどの柔軟さ
人間として凄み、胆力があるか	（不要）	（不要）	警戒されるほど一目置かれる
企画立案を自ら行えるか	（不要）	一部はできる	ずば抜けた賢さ
臨機応変に対応できるか	（不要）	（不要）	目端が利く

ちなみに「室長」という役職があるが、これが課長に相当するのか、部長に準じるのかはその銀行によってまちまちだ。部長よりも実際に権限を持っている室長もいれば、課長とほぼ同じ処遇しか受けていない人もいる。

以上、課長の要件をまとめるとこんな感じになるだろうか。

・通常は従順だが、時には上司に意見具申することもできる
・代理の時までの明朗さを失わない
・引き続き人に好かれる
・若干の指導力が発揮できる（特に店内、部内、課内にあって）
・殆ど嘘をつかない（組織防衛のためにはつく）
・自分から率先して企画立案をすることはないが、求められれば行える　など

過ちを認められるか、という問いに対して代理も課長も「問われない」としているが、これは経営責任に関わるような「過ち」という意味だ。本部次長なら幹部の一角を占めて

いるので、自らが意見具申したことが大きく間違うということがあり得る。ところが課長（通常は支店にのみある役職）以下にはそれはない。権限もない代わりに責任も負わされない。

最後は中高年行員、職員へのヒントだ。これも一般企業に勤務する読者の参考になるだろう。

中高年職員へのヒント

ここからは銀行や信金からの転身を考える人々への私の考えを書く。ここは今後のテーマのひとつにしようと思っていたので、「前触れ」になるが方向性は以下だ。

・営業
・教育
・行政（主に自治体）
・海外

簡単に説明する。40代を過ぎた銀行員や信金職員には若手にない3つの武器がある。第1に年功、第2が人脈、そして第3は知恵だ。「年功」は実績や職務歴と言ってもよいだろう。「人脈」はいざとなれば助けてくれる人がいるということだ。単に1回だけ名刺交換をしたような相手は含まない（それが偉い人でも）。「知恵」は経験からしか生まれない、生きたサバイバルの技になる。この3つのほかにもシニア、中高年のサラリーマンが若者に勝る点は幾つかある。詳しくは拙著『定年後の起業術』や電子本『65歳で爽快起業』などを参照されたい。

この3点セット、年功、人脈、知恵が生かせるのが先述の営業職であり、教育、行政分野、そして海外だ。ひとつずつ解説する。

1　営業

銀行員や信金職員が他の業種に従事している人より優れているのは経理や財務の能力では決してない。実は多くの行員などはそれほどお金のエキスパートではない。その証拠に銀行や信金から一般企業に出向する人の多くが経理や財務部門に配属されるが、お飾りのヘッド（課長とか）に留まるか、短期で親元（つまり、銀行や信金）に返されてしまう。何が不足しているかというと、伝票から帳票を起こすという経理の基礎である「簿記」や中小企業診断士でも頭を抱えるような大きな経済状況から自社の最も適切なファイナンス（財務）戦略を立てることができないからである。実は銀行員はこうした訓練を受けていない。

誰かによって作られた財務諸表の嘘を見抜く、粉飾決算を当てるなどの職人技ができる人は昔は銀行にも信金にもいたが、90年代以降（つまりバブル崩壊後）は不動産担保に頼る融資しかしてきていないので、財務諸表が正確に企業の実態を反映しているとか、そこから将来を見通すといったことなどできはしないのだ。では何ができるか。

それは「営業」である。総務と言う人もいるかもしれないが、もともと難関の面接をかいくぐってきた銀行員や信金職員には「表現力」と「対人折衝能力」がある。これを活かすと営業ができる。愚にもつかない生命保険や投資信託を売りつけるよりずっと付加価値が高い。エスキモーに氷を売るといった芸当はできないかもしれないが、それなりの営業もしくはその指導ができるはずだ。もっともPDCA（計画策定とその評価で、実行は後回し）が大好きで自分が動き回るのは不得意という人には営業は無理だ。総務をやるにしても自分で汚れ仕事ができないと転職先では評価されない。

ともあれ、営業が若干できそうだと思う銀行員や信金職員なら金融機関以外でも活路を見出せる。それが取引先なら最初はやりやすいが、長期にわたると必ずしもそうではない。テレビドラマ「陸王」でもあったように社員になった途端、一種の奴隷扱い（なんでもやれと言われる）をされるのだ。見識や意見よりもまず服従が求められる。しかし、銀行員の多くはこうした「上意」に沿うことになれているので、問題ないだろう。

2　教育

教育の現場には「人材」が少ない。と言うと驚かれる読者も多いだろうが、現実だ。例えば、小学校の先生には英語（外国語）が不得手な人が多い。中学や高校と違い、英語が採用試験に含まれていないので教員になったという人もいる。小学3年生から英語を教えるようになった現在、英語教師の口は多数あるはずだ。

ほかの教育分野は塾だ。こちらも人材はあまりいない。人に教えるのが得意と自負している「先生」は多数だが、人付き合いが苦手（子供はよいが大人は嫌い）、複雑な社会問題に対応できない（モンスターペアレンツにやられっぱなし）、時間や約束にルーズ（生徒を待たせる、授業を予告なくキャンセルするなど）といった問題がある。すべての塾でそうだとは言わないが、多くの教室や塾講師に問題があると感じる。若い人はまだいいが、30代以降の講師、特に一般の会社を辞めてこの業界に入ったという人には注意が必要だと言われている。

この点、銀行員や信金職員には普通の人以上の社会常識が備わっており（今は怪しいか？）、雇うほうにしても、子供を預ける親としても（やや）安心できる。ただ、親の「子供化」も激しいので、生徒の指導よりもダメ親の面倒を見るのに精力を使わなければならないかもしれない。しかし、口には出さないが（ダメ）客とは争うなとしつけられてきた金融マンなら対応可能だろう。

あと「大学講師」というものもあるが、これはハードルが高い。著作が2冊以上とか、大学などで教えた経験が何年以上とか、制約が沢山あって、「俺は銀行では部長だった」

とか「名の知れた信金の幹部であったぞ」と言っても学校側は相手にしない。その点、地方の小規模大学や遠隔地のキャンパスなどでは採用されやすいかもしれない。

教師には適性があるが、事務職員は違う。学生が好きだという人は教師ではなく、事務職をお勧めする。ただ、こちらも中途採用の敷居は高い。一番よいのは銀行や信金からまず出向して、その後転籍して、第二の人生の地とすることだ。

3　行政（主に自治体）

政治家になれと言っている訳ではない。それも悪くないかもしれないが、より可能性の高いのは自治体職員という選択肢だ。公務員と言うと聞こえはよいが、役人の人材の質にも大いに難がある。概ね、役所を離れると全く使えない人の集まりだ。そうした中に民間出身者が入るととても浮く。仕事のペースが違うだけでなく、発想や、それを行動に移すまでの時間が地球人と宇宙人ほど違う。

人間関係で躓かない限り、民間から中途で役所に採用される人は出来がまずまずだ。地銀や地域の信金に勤務する人なら、定年まで待たずとも狙う価値がある。市長と知り合いとか、議員に友人がいるならなおさらだ。周囲の人が「忖度」してくれるので仕事もやりやすい。

しかし、行政は銀行より楽だとのんびりしていてはいけない。職場に喝を入れるために雇われるのだから、短期で「できる人」だということを示さなくてはならない。多くの元銀行員が失敗するのは、このスピード感を見誤ることだ。最初の1年や2年は肩慣らしと、高を括っているとあっという間に放逐されてしまう。3ヶ月で周囲をうならせないとダメだ。

行政での活躍の方法は、営業(そもそも行政にはその発想がない)ではなく「企画」だ。調整能力といった総務的なものは先住の役人が得意なので、元金融マンには出番がない。会議資料作りは上手い、といった自己評価も役に立たない。役人の役所表現(責任を問われないように、しかも怠けてはいないぞと見せる技術)には、銀行員や信金職員は太刀打ちできない。しかし、企画では新味を出せる。例えば、どの自治体も懸命にやっている「観光」の振興だが、自分自身にあまり旅行経験がないと思われる(しかも旅が嫌いな)役人に「おもてなし」ができるわけがない。ここで民間人の出番だ。とは言っても発想力が貧困なら役所でも花形の企画は務まらない。せいぜい民間との接点の多い「産業振興」でお茶をにごすしかない。ただ、それでは何のために民間から転じたのか判らなくなる。地域によっては公務員のほうが銀行より給与が多いところがあるが、カネのための転職はむなしくないだろうか。

4　海外

どの分野でも、海外での仕事はチャンスが多い。出張ベースでも駐在でも、日本人が活躍できる場所も業務も多数ある。ＪＩＣＡ（国際協力機構＝政府機関）でシニアボランティアにならなくても民間企業で雇ってくれるところを探せばよい。語学はできればいい程度で実は採用する側もあまり期待していない。そもそも日本企業の語学レベルが低いのだから。

2の教育で英語の先生になろうかと思うようなレベルの人なら、楽々と仕事が見つけられる。営業ならまかせとけ（どぶ板外交も平気）という元行員も引く手あまただ。企画でも総務でもありとあらゆる分野に仕事はある。問題は長く日本を離れても（場合によっては永遠に）大丈夫かどうかだ。

ある大手企業では海外駐在は最低でも7年、長いと20年以上というところがあった。40代あるいは50代で銀行や信金をやめて、新興国でも頑張れるという人には大いにお勧めだ。ただし、意欲が能力よりも必要とされるのがこの海外という選択だ。力があっても外国は……という人は考えないほうがよい。

新興国では給与なども低い。新興国とは、先進国でもないが、開発途上国ほどでないという国や地域を指し、たとえば近隣のアジアではベトナムなど、ラテンアメリカやアフリカ諸国もこの範疇に入る。生活費が安いので給与が安くてもやっていける。自分で起業して成功でもすれば、王侯貴族なみの生活が送れるかもしれない。

海外で仕事をする心構えは、拙著電子刊『英語だけでは勝てない』や筆名で書いた同じく電子本『欧州と日本散歩』などを参照されたい。

外国人相手ではなく、日本人（観光客もあり、現地在住者もいる）相手のビジネスも多数ある。通訳とかだけでなく、銀行員が得意な不動産業も各国で盛んなビジネスだ。悪徳業者にはならないで欲しいが。

第6章　地銀と信金の経営への指針

本章では、大雑把な議論には関心がないという読者（一部は金融機関勤務者も）のために、地域金融機関である地銀（第二地銀を含む）と信金や大手信組が、規模と利便性を目的に統合合併をしながら、地域密着を深化させることのできる方向性を幾つか提示する。具体例を示さないのは実例が極めて少数、あるいは皆無であることと、私が考える「実践例」がまだないことによる。しかし、これらが実現するとかなりの確率で両立が可能なはずだ。

基盤を拡充する

銀行や信金、信組で「基盤」と言うと顧客のことだ。この数を増やし（つまり基盤を充実させ）、そこから利益を得られるようにするためのポイントが、以下だ。対象ごとに説明する。

1　ベンチャー、新興企業

後述するが、日本のベンチャーには問題点も多い。それを判ったうえで彼らを発掘、育成するためには既存の枠組みでは無理だ。既存の枠組みとは、既にあるベンチャーファンド（特に拙いのは公的機関が出資、関与している場合だ）や、それを運用するメガバンク、地銀、ベンチャーキャピタルのことを指すが、ならばどうすればよいか。

実績があるとうそぶく投資家は多いが、本当の投資成果は開示していないことが多い。これ以上ここでは論じないが、実績がないところのほうが信頼できるという逆説があることを理解して欲しい。ベンチャー投資のことは千三つ（千回投資しても成功するのは3つ程度）と揶揄されるが、成功している投資家が当てる確率はもっと高い。

そうした自らリスクと評判を負って投資しているところは日本では稀だが、海外（特に欧米）では多い。中国は政府がこうした投資を行い、応援しているので参考にならない。日本もかつてはそうした官製ファンドが花盛りだったが、あまりの成績の悪さに現在ではベンチャーではなく大手企業の救済に転換している。まるで中国のようだ（というより、日本モデルを彼らが真似したのかもしれない）。

数あるベンチャーの中から本物と思われるものを見極める、そこに投資するだけではなく、多面的に支援する。これは口で言うほど容易なことではない。そして銀行員、信金職員の99・9％には不向きだ。世に言う「投資と融資は似て非なるもの」（ある意味正反対）

なのだ。銀行がバックアップしたファンドから巣立った大化けベンチャーなどまだ見たことがない。

つまり、銀行員とは全く素質や思考形態が異なる人材を使わないとベンチャーの発掘も応援もできないということである。寄らば大樹の陰的発想、ご無理ごもっともの処世術、上意下達ではベンチャー投資ははじめから失敗が見えている。これが理解できていない銀行や信金のトップは多い。まるでコンセンサス（事前合意）があれば、それなりの見栄えがすれば、ベンチャー投資は失敗してもよい、むしろそのほうがよい、とさえ思っているかのような頑迷さを彼らからは感じる。コンセンサスは大手銀行や自治体、政府が絡むことで得られ、運用の失敗はそうした組織に関与している人を使うことで失敗が担保されている、と。

読者がそうした銀行や信金で働いているのなら、これ以上言うことはない。ただ一言、銀行員からすると「かなりの非常識」の世界に、成功するベンチャーや起業家は住んでいる。ベンチャーや新興企業を心から応援したいのなら、銀行員の発想をほぼ100％捨て、彼らの立場、思考に沿った発想をしなければダメだ。銀行員なら一度の失敗で出世は終了だが、彼らは3度でも4度でも失敗する心の準備ができており、むしろそれを積極的に経験したいのだ。こんな恐ろしい人たちとは付き合えないと思うなら、中期計画からベンチャーという言葉をすべて削るに限る。零細企業も同様だ。彼らは失うものが少ないだけに、大胆な発想をする。それが手に余るようなら、そこそこの中小企業、中堅企業とだけと話をすればよい。

2　既存の中小零細企業

さて、多くの地銀や信金の屋台骨を支えている中小企業だが、彼らとの取引を根幹から見直すという気持ちは地銀も信金も持っていないだろう。中小企業にとって金融機関は命綱なので、従来と同じ取引方針で大丈夫。安心して貸せる企業は少ないが、それでも倒産リスクを注意深く見守りながら付き合っていけば銀行、信金にもメリットがあるはずだと。

しかし実はこれは大間違いかもしれない。事業会社でもサービス企業でも多くは地元の銀行や信金以上に競争に晒されており、現実認識は金融機関よりも厳しい。銀行などと違って認可業種ではないので、業績が悪化すれば倒産しても救われない。一方、銀行や信金は万が一にも潰れることがないように当局や日銀などによって監視、指導されているため、戦後、銀行倒産と言えるのは少し前の日本振興銀行の一例のみだ。これとても最終的にはイオン銀行に吸収され、ペイオフが発動されて1000万円超の預金を持っていた人だけが損をした。

一般の中小零細企業に比べて倒産がはるかに遠い現実である地域の金融機関には、顧客である中小企業や零細会社の不安、怯えがよく理解できていない。そのためちょっと余裕ができると「抱き合わせ」商品を売り込んだり（つまり、融資を人質に不要な金融商品を売るというようなこと）してしまうのだ。1980年代のバブルの時代に不動産融資（借り手からすれば、不動産担保借入）で本当に痛い目にあった企業は銀行を警戒している。

それでも平時は我慢して付き合っているが、非常時となるとどう転ぶか判らない。後述するクラウドファンディング（銀行などを介さない資金融通）が盛んになりつつあるのは、銀行や信金以外に企業や個人が「融資」機能を求めているからだと思われる。

運用の世界では既に銀行離れが起こっている。小金持ち以上はまともな利息がつかない銀行預金を諦めて、リスクはあってもリターンがそこそこ望める有価証券投資などに資金をシフトさせている。小金持ちというのがどの程度の資産を持っているかは議論の的だが、ここでは概ね2億円以上の現金化可能な資産を持っている人としよう。不動産はいくら持っていても即換金はできないので、定義から外す。実はこの「2億円」というのは、外銀などがプライベートバンキング（富裕層向けの銀行業務、運用相談が主な仕事）の最低基準としている金額だ。

小金持ちは中小企業のオーナーであることが多いが、個人の財布と会社のそれを厳密に区別してこなかった中小企業の場合、オーナーや経営者一族の動向が法人取引にも影響を及ぼす。つまり、個人として銀行、信金離れが起こるとこれが企業取引をも細くするという訳だ。では彼らはどこへ行くか。

一番、ありそうなのは証券会社だが、一時盛んだった私募債（債券の形を取るが、実際には貸し手も少人数の、ローンに似た商品）の引き受けも証券会社から銀行へと主流が移ってしまった。手数料が高い私募債は銀行を儲けさせるだけで借り手にはそれほどメリットがないことも知られてきた。保険会社もかつてほど、長期のローンを出すことに興味がなくなっている。彼らは生命保険でも損害保険でも有価証券投資を主体に運用を行っている。

となると、中小企業はどこへ行くのか。

ひとつの仮説はかつての「頼母子講《たのもしこう》」のような相互扶助の形の金融に戻っていくこと。沖縄では全体の融資の1〜3割がこうした銀行融資以外で行われているとも言われる。しかし、かつての頼母子講の胴元は無尽会社を経て、信用金庫や相互銀行（現在では一般銀行となった）に転換したので、銀行を離れてもまた銀行に戻ることになる。

私は「企業間金融」が銀行借り入れに代わるのではないかと思っている。これもかつては商社金融などに代表されるように一般的なことだった。しかし、銀行から信用力のある企業（商社や大企業）が借りて、その一部を下請けに貸すといった方式は面倒でコストも掛かるので段々と衰退してきた。先述の私募債の登場もあり、大手商社も大企業も取引先や下請けに自力で調達せよと言うようになった。なぜこれが復活する可能性があるのか。

銀行は自己資本規制の網を世界的にかけられようとしている。日本の銀行が少ない資本で世界のローン市場を席巻したことを良く思わなかった欧米の銀行が作り上げた規制が、バーゼル規制と呼ばれるものの本質だ。ところがこの自己資本規制は一般企業にはかからない。トヨタやパナソニックなどの一般大手企業はどれだけ傘下の企業群に融資をしようと咎められないのである。

ただ、コストは銀行や信金から直接借りるよりも割高になる。そこで一部の優良企業は海外の銀行から借りるようになっている。日本の中での話ではない。海外で現地生産をしたり、現地企業と取引をしているところは、その国や地域の通貨で地場の銀行からお金を借りるようになったのである。金利は日本の1％といったレベルよりはるかに高いが、経済が成長しており、金利も高い海外（特にアジア）では、商売で充分元が取れる水準である。

このことに気づいた一部の地銀や信金は、顧客を奪われまいと（地場銀行でなければメガバンクにとられる）海外でのローンに熱心になったという側面もある。

これ以上中小企業の行動様式には触れないが、従来では想像もつかなかった方法で国内でも海外でも顧客としての中小や零細が知恵を絞っていることを地銀や信金は忘れるべきではない。

3　富裕層の個人

既に述べているが、小金持ち以上の富裕層は個人としては既に銀行から離れている。彼らが頼るのは証券会社、信託会社や投資顧問・信託企業などである。殆ど金利がゼロの銀行預金に何億円も預ける酔狂な金持ちはいない。彼らを顧客として引き止めておきたいのなら、銀行も信金も前述のビジネスに手を染める必要がある。これが最近、地銀が競って証券会社などと投資信託会社や証券子会社を作っている理由だ。法人取引の維持拡大ももちろん命題だが、それよりも手っ取り早く手数料が稼げる富裕個人層が狙いであることは明らかだ。

しかし、パートナーとなる証券会社や投資顧問会社などはしたたかだ。メリットのない提携はしない。顧客を一度、紹介されたら自領に引き込んで放さないという行動パターンを取ることは火を見るより明らかだ。パートナーからせっかく、少しの経験とノウハウを得たら、顧客がごっそり持っていかれたということが早晩、起こり得るのだ。

4　一般の個人

数では最も多い一般の個人については、短期間で彼らの多くが銀行や信金離れを起こすとは思えない。元本保証があるだけでなく、貸し金庫の感覚でお金を置いておけるという利便性が評価されていると考えるからだ。と言って放っておくのは拙い。

ネット銀行が若者や忙しい社会人に評価されているのを見て、多くの銀行や信金もネットバンキングの世界に参入してきたが、とても幸いなことに大量の個人情報流出はまだ起こっていない。実際には生起しているのかもしれないが、私たちはそれを知らない。ただ、これは個人利用者にとっても銀行にとっても怖いことだ。

住所や名前、生年月日程度のことなら漏れても心配ないと高を括るのは禁物だ。これらがどのように悪用されるかは、一般人である私たちの想像できない世界だ。いつの間にか貴方と同じ名前、住所、生年月日の人がもうひとり、あるいは複数活動している（貴方の知らないところで）となるともうSFを通り越してホラーの範疇に入る話だ。一笑に付されても構わないが、そうなってからでは遅いと言いたい。貴方の存在自体が不要、あるいは消去されてしまうかもしれないのだ。

ここまで想像を逞しくしなくても少しずつ漏れている個人情報の管理を銀行や信金が真剣に行わないと、いずれ彼らにそのツケが回ってくる。100万人単位で預金残高や融資額が漏洩した暁には、顧客の多くがその銀行や信金を離れる。一挙に多くの顧客を失った銀行や信金は生きていけるのだろうか。

懸賞金や宝くじ付の定期預金や他行の10倍の金利（他行が0・001%なら、0・01%でも10倍だが、ふざけた話だ）を付けた商品程度では起死回生できない。そこで「浮利は追わず」とやせ我慢していた信金なども投資信託や生命保険の店頭販売を始めている。この点でも信金はもう銀行と変わりない。その問題点は本書のそこここで指摘しているが、銀行や信金で買った投資商品が大損を出す、生命保険の保険金が支払われないとなると、売った銀行や信金の信用は丸つぶれだ。繰り返すが、一般の個人で「銀行や信金で」こうした商品を買う人は「自己責任」という概念を持っていない。都合が悪くなると「売った」銀行や信金のせいにしてしまう。

打つ手はなさそうだが、ひとつふたつ、当座を凌ぐ商品はある。例えば、外貨預金だ。これもリスク商品なのでクレームが発生する可能性が高いが、少なくとも外貨預金で大きく損をしたので、邦貨預金も全額解約したというような話はあまり聞かない。実際には起こっているが、あまりにも頻繁なので銀行もマスコミも取り上げないだけかもしれないが、「リスクがありますよ」と口を酸っぱくして説いても購入してもらえるのなら、銀行、信金にとって美味しい商品であることは間違いない。

仕組み債を証券会社と一緒になって売ることの「評判リスク」についてはすでに論じているので、こうした商品はお勧めできないことは読者にはもうお判りだろう。それでも売る銀行や信金は要注意だ。

新市場への進出を考える

人口減で小さくなる一方の国内や地方市場に比して、海外では人口も増え、ひとり当たりのGDP（国民総生産）も上昇している。こうした成長市場に背を向けるのは、10年、20年を生き抜こうとする地銀や信金には相応しくない。ここでは地元で成長する国内市場と、20年後も拡大し続けていると思われる海外市場について論じる。

1　近隣の中核都市、大都市マーケット

国内でも伸びている市場があるとすれば、地方中核都市（概ね人口は20万人以上）や大都市だろう。後者は首都圏、中京圏、関西圏、北九州圏などがあるが、前者は50万とも80

万とも言われる。幸いにも地元がそうした成長余力のある市場ならば、敢えてほかの市場に目を向ける必要もないかもしれないが、そうでない場合、これらの市場も見据えて戦略を練ることは重要だ。

その点で、地元プラスの発想が、規模の拡大と地域密着の両立を狙うことに繋がる。そもそも自らがサバイバルするためには規模が不可欠だが、より組みやすい相手（成長市場を持っていない）を選ぶと業容は少し大きくなっても利便性が増すことはなく、むしろ肥大した弱者になる可能性もある。こうした選択をするならば、むしろ大都市圏の他行や他庫の傘下に入るほうがよいと私には思える。

さて、自立した戦略を編む場合の相手だが、銀行でも信金信組でも「飛び地」という選択肢はあると考える。2016年に発表、報道された3件の地銀統合はどれも同県内、近隣県のものだった。西から大阪兵庫（大阪の三井住友系の関西アーバン銀行〈第二〉とりそな系の近畿大阪銀行に兵庫の三井住友系みなと銀行〈第二〉が加わる3行統合）、三重銀行（同県内の三井住友系の三重銀行と中立の第三銀行〈第二〉）、第四銀行と北越銀行の統合である。今後も同県内あるいは近隣の合併、統合は続くと思われるが、これは成長志向とは趣を異にする。むしろ競争回避が狙いだと思われる。同趣旨の長崎銀行（十八銀行と親和銀行の合併）が公正取引委員会の待ったで頓挫しているように銀行に都合が良くても利用者には不安を与える。

それはさて置き、飛び地の統合や合併なら市場は拡がるばかりだ。小さな県を飛ばす場合には重複店舗や同行内での取引先の奪い合いが起こるかもしれないが、実際にはわずかだろう。この事例はかなり距離の離れた北陸銀行（富山県）と北海道銀行の事例しかまだない。彼らは、ほくほくフィナンシャルグループというものを形成しているが、その後の動きは鈍い。隣県の事例だと肥後銀行（熊本県）と鹿児島銀行が2行で九州フィナンシャルグループを、常陽銀行（茨城県）と足利銀行（栃木県）の2行で、めぶきフィナンシャルグループ、横浜銀行と東日本銀行〈第二〉（東京都）の2行がコンコルディア・フィナンシャルグループとなった、などがある。

やや飛び地的な統合の例としては、四国のトモニホールディングス（傘下に香川銀行〈第二〉（香川県）と徳島銀行〈第二〉（徳島県）による大阪の大正銀行〈第二〉の取り込みがある程度だ。

飛び地で繋がるという発想が銀行界や信金界にないとは思えないので、実行を躊躇させる何かがあると想像できる。それは彼らの規模の差なのかもしれない。近い事例で、ふくおかフィナンシャルグループ（福岡銀行、佐賀を飛ばして熊本銀行〈第二〉と、長崎の親和銀行の3行）があるが、これは圧倒的に強い福岡銀行に親和銀行と熊本銀行〈第二〉が庇護を求めたという構図なので、あるいはまだ飛び地統合をしていない他行や他庫を萎縮させているのかもしれない。

統合する、しないにかかわらず伸びている、地元よりもその可能性があるところならば進出して当然だ。これを短期で行う手法のひとつが合併、統合であるが、他人の市場が労せずして（但し、リストラの苦労は並大抵ではないが）手に入るM&Aは立派な戦略である。

今後は地方中核都市と4大都市圏を巡る争いが銀行や信金の合併や統合の引き金になると予想するが、読者はどう思われるだろう。

2　海外（近隣アジア）

かつてはメガバンク（持株会社名では、三菱UFJフィナンシャルグループ、三井住友フィナンシャルグループ、みずほフィナンシャルグループ）の市場と思われていた海外に地銀ほかがどんどん出ていっている。当局の目こぼしで国内基準行でありながら、インドネシアで大きな地場銀行を営み、シンガポールにマーチャントバンク（一般の商業銀行と少し違って、証券業務も営む）を持つと発表した、りそな銀行を例外とすれば、海外支店を開くと「国際統一基準行」（自己資本比率が最低でも8％必要。国内基準行なら4％以上あればよい）になる必要があるが、駐在員事務所なら資本増強は不要という便法（私はおかしいと思う）により、海外、特にアジアに事務所を持つ地銀や信金は多い。

驚くのは私が大手信金と呼ぶ預金量1兆円以上の信金や、中堅信金と認識している預金量が5000億円以上の信金もこの流れに乗っていることだ。特に中京東海地区にこうした信金は多い。取引先がトヨタやスズキなどの多国籍企業であり、彼らと商売をする必要上、海外進出を求められている中小企業が取引先という事情が大きい。しかし、これは10年前には考えられなかったことだ。

信金には銀行と違って「営業地域」と「取引先規模」の制約がある。許された地域を超えたり、あるいは大企業とは取引ができないのだ。それがあっさりと国境を超えた。地元の取引先が海外で資金需要がある場合、地域と規模を超えることを認めるという方針に金融庁、地方財務局が転換したのだ。地銀でも海外融資を行っていないところも多いのに、中堅、大手信金が今や先を進んでいるのだ。

ならば、まだ国際業務を行っていない銀行や信金も海外（特にアジア）を梃子に規模と利便性の両方を追求したらよい。海外融資といっても海外の銀行に信用状を発行させる（これでリスクを一部、転嫁できる）、彼らに外貨建て融資を代行してもらう、自ら外貨を調達して、あるいは円貨で海外において融資を行うなど多様な業務が展開できる。

問題は充分な人材が内部にいないことだが、正直に認める地銀や信金は少ない。むしろメガバンクのほうが「国際畑の人が足りない」と本音を漏らすことが多い。地銀や信金に強いプライドがあることは判るが、ここは虚心坦懐に知恵や人材を外部に頼ったほうがよい。

運用と新商品開発と

次は貸し出し以外の「運用」と「新商品」について述べる。

1 運用対象

マイナス金利の昨今、高い利率で預金を集めることはできない。また、住宅ローンを始めとする融資でも金利が下がってきているので、ローンがらみの新商品を出すのは難しい。実はやり方はあるが、これは利用者（つまり、預金者と借入先）を騙すことにも繋がりかねないので勧めない。故にここでは書かない。

となると先述した富裕層の個人向けなどの「運用商品」ということになるが、多くの邦銀や国内信金は自ら商品開発ができない。ノウハウも経験もないのだ。ならば外部に頼るということになるが、投資信託や生命保険などは、当事者もよく判っているように複雑な商品で説明の難しいものが多く、多くの行員や庫員は説明を証券会社、投資信託・顧問会社や保険会社に丸投げしている。これでは売れるものも売れなくなる。

やはりまず行員や庫員が勉強して、既存商品への理解を深めることが先決だ。その点、少し有利なフィールドがある。それは不動産だ。海外は無理としても国内、しかも地元の近くが対象となる商品なら多少の土地勘が働く。ただ、不動産は水物であり、前にも書いているバブルを再び煽る可能性が大なので要注意ではある。

不動産担保融資やアパートローンはここでは繰り返し書かない。むしろ抑制すべきだと思うが、ならば何がよいか。本当はあまり勧めたくないが、敢えて言えばＲＥＩＴ（不動産投資信託）だろう。これは商品の中身が比較的判りやすく（つまり何が収益の源泉となっているか）、不動産好きの日本人には向いている。実は、不動産を買うのと同じ、あるいはそれ以上にリスクのある商品だが、それを顧客にきちんと説明できれば、金融庁の言う「フィデューシャリー・デューティ」（善良なる管理者の義務。銀行用語では「善管義務」と言い、受益者＝顧客のために誠心誠意、真っ当に助言を行うこと）を果たすことになる。

それでも銀行や信金の言うことを鵜呑みにする顧客からは彼らが損をした時には「騙された」と言われるだろうが、それを織り込んで店頭で売り込んでいるのだからお相子だ。

2　新商品のポイント

フィンテックの勧めと勘違いしてもらっては困る。繰り返すが、私は銀行や信金によるいわゆるフィンテックの推進には反対の立場だ。理由は以下の４つだ。

まず1番目は行員、庫員の理解不足。つまり、フィンテックとは何であるか、これが上から下まで理解されていないことだ。有体に言えば、現在の邦銀や国内信金によるフィンテックは「お財布携帯」の範疇を出ていない。お財布携帯なら既にネット銀行が推進しており、それに追随してもメリットは少ない。いや、AI（人工知能）をフル活用して新しい銀行とネットの融合を目指すと言うのなら、行員が力不足のままやることに大きな危惧がある。ほかでも書いたが、銀行経営を含めてAIに任せる（つまり人間の行員はゼロでもよい）と割り切らない限り、中途半端な取り組みとなり、費用とリスクが際限なく増大する中、効果は殆ど得られない（むしろマイナスになる）可能性が高いと思う。

2番目の理由は、真に革新的なサービスがフィンテックの世界にあまり見られないことだ。例えば、クラウドファンディングと言われる銀行や信金を介さずに資金を一般から集め、それを必要とする人に回すという仕組みはそもそも銀行や信金が自ら行うべきことであり、それを長年怠ったことによる遅れをIT企業の力を借りて取り戻そうとしているのにすぎない。IT利用では彼らに一日の長があるとしても、本物と偽物を区別する力をIT企業や経営者は持たない。銀行員、金庫職員にはややそれがあると思われるが、ならばなぜ素人に丸投げするのだろう。

3番目はベンチャー推進を長年やってきた立場で言うのはやや気が引けるが、日本のベンチャーには本物が極めて少ないことだ。私がベンチャーキャピタリスト（リスクを取ってベンチャーに投資する仕事）をやっていた2000年代からそうだったが、〝me too〟（私も私も）的な物真似が多い。真似をする対象は殆ど米国や欧州にあるやや成功したベンチャーだ。先ほどのクラウドファンディングにしても米欧豪で少し流行っている（破綻した先も多い！）ものを日本に導入、あるいは日本風に味付けしたものにほかならない。

世界を変えるような真のベンチャーが日本に生まれ難いのには様々な理由があるが、一番の理由は大企業に勤めるほうがはるかにメリットが大きいからだ。わざわざベンチャーを志す人はよほどの変わり者（私もそのひとりだが）か、過去に大企業で息が詰まるような経験をした人に限られる。世界的に見てもこれだけ大企業とベンチャー（つまり、個人営業、零細経営）の差が大きく、ベンチャーがテイクオフ（つまり成功のこと）しない国も珍しい。

故に日本のベンチャーにはどのような形態であれ（大学発も含む）胡散臭さがつきまと

い、悪いことには創業者や経営者に「人」がいない。思い切って起業する意欲は買うが、それに伴う中身がないか、足りない。こうした人材をもてはやし、過分な資金を提供するのは国富の無駄使いである。とまで言わせるのは、私自身、ベンチャーの悲哀と惨状を多数見てきたからだ。

4番目の理由は、銀行や信金にフィンテックと心中する気概がないことだ。どうせダメと思いながら他行や他庫に追随してお付き合い程度にフィンテックに取り組んでいるところが殆どだ。本気でやるなら、既存業務を全部捨ててフィンテック1本でやるくらいの気持ちがないと成功しない。これは滅びの道であり、それが判っているからこそ腰が引けているのだ。ならばなぜフィンテック、フィンテックと騒ぐか。

理由は簡単だ。そうでもしないと世間と当局に「無策」を見抜かれてしまうからだ。ハッキリ言って、現在の地銀や信金にはフィンテックによって業容を拡大し、利益を増大させることはできない。時間稼ぎ、仕事をやっている振りにしかすぎない。

フィンテックにスペースを割きすぎたが、新商品開発のポイントは以下の5点に集約できる。詳しくはお呼び頂ければ、地銀や信金トップに直接お話しよう。

1　全くの新商品ではないこと

逆説的だが、斬新な商品はあまり受けない。というより保守的な意識が濃厚なこの国では誰も買わない。ならばちょっとだけ新しいというものを開発するしかない。ある地銀が「サービス業で働く女性」（信用力は従来の銀行の常識からすれば弱い）のためのカードローンを開発したが、はっきり言えばキャバクラ嬢のための商品ともいえる。これはある意味、英断だ。日給は多いが、月給や年収となると不安定な人にカードローンの門戸を広げるという試みだ。貸倒れ率は低いと想像されるが、従来の銀行は、こうした職業の人にカネを貸すのを怖がっていた。

2　利便性は3つも4つも不要

日本の家電などが世界で受け入れられなくなっているのはその過剰性によるものだ。これでもかと新機能を盛り込んで、その結果、韓国製や中国製に比べて相当割高になっているため、アジアなどの新興国では全く売れていない。金融商品も同様で利便性が2つ以上のものは本来、不要だ。

投資信託なら（銀行で売るのはお門違いだと思うが）、欲張りだが自分で投資判断をするのが面倒な怠け者が買うのだから、「何も考えなくてもいいです」というだけで充分。生命保険（同じく）も生保の営業レディ（本来、レディは働かなくてもよい有閑富豪夫人のことだが）から買えばよいのに銀行で選ぶのは面倒くさがり屋、もしくは若い行員と話をするのが楽しみな老人が顧客だろうから、「行員と楽しい時間を過ごせます」と一種、ホストクラブ、キャバクラ的に売ればよいのだ。

相当皮肉を込めているが、これは本来銀行が売るべきではない商品を売っていることへの痛烈な批判だ。当局に言われてようやく手厚い手数料を開示するようになった（年間保険料の10％といったとんでもないレベル？）銀行だが、要は金持ちだが自分でアバンチュールを仕掛ける度胸のない老人に売るのなら、商品よりも売り子を充実させれば充分だ。美男美女を店頭に並べるだけでこうした商品の売上は倍増、3倍増するはずだ。

ふたつの利便性だけを売る。運用商品だろうと、ローンだろうと、遺言信託（通常の銀行がやると法的に火傷をすると思う）でも複雑かつ多数のメリットの羅列は顧客を混乱させるだけだ。

3 商品寿命は1年（長くても2年）と知る

車のモデルチェンジと同じで（私には買い換える人の気持が判らないが）、銀行が売る商品も10年、20年と長く売れるものは本来の商品（つまり、預金と融資と為替＝資金決済のための仕組み、振込みなどのこと）しかあり得ない。どうせ1年、2年で廃れてしまうものならあまり大々的に売り出しても徒労に終わるだけだ。ならばオリンピック記念（次は2020年）とか、何とか何周年（それぞれの地方に記念となるものがあろう）を1年限りで売るのが最良だ。それを手を変え、品を変えて繰り返すだけで毎年新商品が生まれる。

こうした売り方は邪道だと思う人もいるだろうが、ない知恵を絞って商品を新たに出そうとするからそうなる。10年にひとつしか出さないくらいの覚悟で10年間商品の構想を考え続ければあるいは画期的なものが生まれるかもしれない。しかし、時代遅れになっている可能性も高い。私ならそうした賭けを銀行や信金では行わない。製造業や農林水産業ではまた話が別だが。

4　行員や庫員の知恵「だけ」に頼らない（そしてメガや証券会社にも）

銀行員が創造的でないことは既に知られている（私も『銀行員のキミョーな世界』などで書いた）が、それでも外部に頼る、あるいは外注するのが嫌で、自前で商品開発をしようとするところが多い。あるいは自分では何もせずにライバルが新商品を出すのをじっと待っていて、出るや否やそれと寸分違わない商品を出す。これは知恵のない金融機関としては悪い戦略ではないが、それを繰り返しているとモラール（志気）が下がるだけでなく、社風が退廃的になってしまう。

ならばどうしたらよいか。わずかなお金をケチらずに外部や顧客の知恵にすがればよい。そもそも顧客ニーズが判らないからと悩んでいるなら、そのお客に聞けばよい。問題はそのお客自身が自分の欲しい物が判らないことにある。ここに「マーケティング」が介在する余地がある。長年、これを学校でも教えてきて感じたことはひとつ。試行錯誤を繰り返すしかないということだ。10回トライすれば1回は当たるかもしれない。実はそれで充分だ。3勝7敗でないと競争に勝てないというのは戯言だ。新商品は10年でひとつ、20回試して1品、2品出せればそれで競争に打ち克つことができるのだ。

つまり、9割以上の失敗を覚悟して商品を出し続けること。これに尽きる。それが面倒な人や金融機関は、モラールダウンのリスクを取って、物真似に徹したらよい。そもそも日本の金融界は物真似の世界だ。事業会社と違ってちょっとした差異を特許にしたり、ノウハウとして蓄えることができない。どうせわずかな差なのだから真似て、真似て、真似まくる。これで少しの間は凌げるはずだ。

5 経営者は口出ししない

顧客のニーズを一番判っていないのは、経営者だと私は思う。視野が広く、情報も集まるので最も正しい判断を下せると誤解されているが、経営者に集まる情報は無益、有害なもののほうが多い。集まるのがくずなら、ごみのような判断しか下せない。そもそも自分の悪口は全く聞こえてこないだろうから、耳あたりの良い嘘を元に判断することになり、これでは意味がない。

食品会社などでは新商品を出す際に必ずトップが試食して合否を下すところがある（コ

ンビニでもそうだったようだ)。これはある意味、最悪の試験だ。トップの好みで商品を出すくらいなら、初めから一緒にやればよいのだ。ある消費財のメーカーでは、トップに新商品の拒否権がないと聞いたことがある。彼が1度でも拒否するとその後は部下が思う存分に開発に取り組めないからという理由のようだが、これには一利ある。

どうせ拒否権を与えるなら、新入行員あるいは末端の庫員にすればよい。彼らが恐らく最も顧客に近いところにいる。銀行や信金に長くいると本当に世間のことが判らなくなる。銀行の常識を多く持つ人には世間のことは判らないと腹を括って若者に任せるのがよい。

実は最も重要な要素は「人材育成」であり、なかんずく支店長及び支店次長(副支店長)クラスの養成だが、これについては本書では省略する。

あとがき

利用者はどうしたらよい?

要らない銀行や信金がどんどん退場する世界では、利用者としての私たちはどう考え、振舞えばよいだろう。簡単に言えば以下の3つに要約できる。

1　付き合っていて嫌なところ、付き合いたくない銀行、信金とはできるだけ早く手を切って、別のところと取引を始める
2　比較対象のために常に複数の銀行や信金と話をする
3　不満なことは我慢せず、どんどん彼らに知らせる。それを受け入れないようなら当局に通報する

1は感情的な好き、嫌いでも一向に構わない。本書で紹介したエピソードのほかにも銀

行や信金に纏わるいい話、悪い話が多数ある。私自身も友人たちも知人群もそれぞれに「思い」に従って、銀行や信金との取引について判断している。知らない銀行、信金を訪ねるのはおっくうかもしれないが、価値はある。嫌な金融機関と付き合っていてもよいことはひとつもない。幸い、独占とはほど遠い日本の金融界には個人にとっても中小零細企業にとっても選択肢は豊富だ。

ということで、2が現実的なアドバイスになる。生命保険を契約するなら生命保険会社に、投資信託なら投資信託販売会社に行く（ともに銀行ではなく）のは当然として、銀行や信金にしか相談できないこと（借り入れや振込みなどについて）は、複数の銀行や信金のサービス内容を知ることが重要だ。よくよく比べてみるとちょっとずつだが違うことが判る。預金金利にはほぼ差がないが、法人向け融資なら0・1％きざみで金利が異なる。個人向けの住宅ローンでも返済期間や担保条件がやや違うことはままある。小さな違いで悩みたくないと思うかもしれないが、思考停止することなく最低3つは比べてみるのがよい。自分にとって最適の銀行、信金が見つかるはずだ。

3に関して実は、金融庁にホットラインがある。番号はここに記載しないが、金融機関

（クレジットカード会社や不動産投資信託企業なども含む）の代表番号に電話をして利用者としてクレームがあると言えば繋いでくれる。そこで実名を出して報告を求めれば、相手（銀行や信金など）に問い合わせてその結果を教えてくれるかもしれない。金融庁が直接監督するのは銀行なので、信金に関しては地方財務局に回されるかもしれないが、それでも本庁にまで電話をしたということは銀行や信金に対する大きな警告となる。こうしたクレームが記録に残ることは銀行、信金としてはできるだけ避けたいことなのだ。

付き合う銀行、信金を賢く選ぶ、そのために本書が幾分か役立ったとすれば幸せだ。

最後に私の家族、本書の企画を通し、編集、資料整理を担当してくれた橋詰久史さん、阪井日向子さんと、いつも変わらぬ洞察を与えてくれる畏友のチーＹＭさんに感謝して本書を終えることにする。

初夏の風が清々しい東京にて　著者

津田倫男（つだ・みちお）
1957年、島根県松江市生まれ。企業アドバイザー。22年の銀行、投資会社勤務を経て、2001年に独立し、その後18年にわたり企業、金融機関、自治体などに戦略（M&Aを含む）、市場開発などの助言、人材育成支援ほかを行う。著書に『老後に本当はいくら必要か』（祥伝社新書）、『地方銀行消滅』（朝日新書）、『2025年の銀行員』（光文社新書）、「銀行員は第二の人生で輝く」（電子書籍。ボイジャー・プレス）など。一橋大学、スタンフォード大学経営大学院卒。

帯デザイン：杉本欣右
本文DTP：山本秀一・深雪（G-clef）

宝島社新書

誰も書けなかった
「銀行消滅」の地図帳
（だれもかけなかった「ぎんこうしょうめつ」のちずちょう）

2018年5月24日　第1刷発行

著　者　津田倫男
発行人　蓮見清一
発行所　株式会社　宝島社
〒102-8388 東京都千代田区一番町25番地
電話：営業　03(3234)4621
　　　編集　03(3239)0927
http://tkj.jp

印刷・製本：中央精版印刷株式会社

ISBN 978-4-8002-8404-4